情報を生み出す触覚の知性 増補版

情報社会をいきるための感覚のリテラシー

渡邊淳司

DOJIN文庫

まえがき

　私たちの普段の生活において、ほとんどの物事は身体的な「体験」としてではなく、言葉をはじめとする「情報」によって伝えられます。「情報」のよい点は、自分が実際に物事が起きている「今、ここ」にいなかったとしても、それについて知ることができるという点です。私たちは情報を通して、自分の行ったことがない場所の様子や出来事を、いつでもどこでも知ることができます。そして、私たちは毎日、朝起きたらすぐにテレビを見て、移動中もスマートフォン、仕事中もインターネット、家に帰ってからも誰かとメールと、一日中「今、ここ」にない情報について考えたり、悩んだりしています。

　本書では、このような状況において必要となるのは、情報を文字どおりに理解、解釈する能力だけではなく、情報が自分とどのような関係にあるのか、その距離を適切に把握し、情報の向こうにいる他者に思いを馳《は》せることができる想像力、さらには、目の前にない物事に対しても迅速に行動を起こすことができる、情報への反射神経をもつことであると考えます。逆説的かもしれませんが、情報あふれる現代社会においてこそ、「今、ここ」にない情報を自分自身の身体で感じ、反応する力が重要であるということです。

†

本書は、情報に対する想像力や反射神経といったことを考えるうえで、とくに身体と深く結びついた感覚である「触覚」を取り上げ、その「情報」との関係を考察します。触覚は、「今、ここ」にあるものを対象とする身体的で生々しい感覚である一方、情報は、基本的には０１のパターンによって表される、物質性を伴わないものであるといえるでしょう。そのためか、これまで、触覚の研究と情報の研究はあまり相互に影響し合うことなく発展してきました。しかし前述のように、情報あふれる現代社会でこそ、情報を身体で感じ、反応する力が重要になると考え、本書では、むしろ積極的に「触覚」と「情報」の結びつきを考えていきます。本書各章では、触覚や情報に関する教科書的な説明だけでなく、私が近年行ってきたいくつかのプロジェクトや研究活動を例に挙げながら、触覚と情報の関係について具体的に議論します。個々のプロジェクト・研究活動については、個人的な思いに近いところまで、できるだけ詳細に記しています。読者のみなさんにはぜひ、自分がプロジェクトのメンバーである、もしくはプロジェクトのイベントに参加している参加者であるような感覚をもって読んでいただければ幸いです。また、巻末に多数の参考文献を挙げましたので、背景を体系的に理解したい場合は、ぜひ参照してください。

†

最後に、本書の執筆にあたっては、多くの方のご支援をいただきました。執筆の機会を与えていただき、原稿を辛抱強くお待ちいただいた化学同人の津留貴彰氏には大変感謝しています。また、本書の記述は、筆者である、私、渡邊淳司が責任をもつものですが、本書で述べるプロジェクトは多くの研究者、アーティストとの共同プロジェクトによるものです。そして、本書の内容もその方々との議論から着想を得ています。ここにみなさまのお名前を記して、感謝の意を表します［ただし、本文内での表記も含め、所属は単行本刊行時（二〇一四年）のものとなります］。

◆心臓ピクニック（第2章）
川口ゆい氏（ダンサー／コレオグラファー）
坂倉杏介氏（慶應義塾大学）
安藤英由樹氏（大阪大学）

◆心音移入（第2章）
佐藤雅彦氏（東京藝術大学）
安藤英由樹氏

◆Yu bi Yomu（第3章）
丸谷和史氏（日本電信電話株式会社コミュニケーション科学基礎研究所）
植月美希氏（函館短期大学）
安藤英由樹氏

◆音声詩（第4章）
松井茂氏（東京藝術大学）

◆オノマトペの印象の定量化システム（第4章）
坂本真樹氏（電気通信大学）

◆触相図（第4章）
早川智彦氏（東京大学）

松井茂氏
◆さわり心地名刺（第4章）
静岡科学館　る・く・る
◆ファセテラピーマッサージ（第5章）
鈴木理絵子氏（株式会社ファセテラピー）
鈴木泰博氏（名古屋大学）

情報を生み出す触覚の知性　目次

序章

◉

触知性

触知 ＝ touch

性

‖

intelligence

触覚と情報の関係性

本書では、情報あふれる現代においては、「触覚」と「情報」の結びつきが重要であると考え、以下のふたつの視点からの議論を行います。

1.「情報理解や情報伝達における触覚の役割」（メディアの触覚性）

私たちは情報の意味を、自分の感覚や体験と結びつけて理解します。言葉の意味を理解するにしても、単に辞書を引いてそれが指し示すものを知るだけでなく、その音声・文字と自分の感覚や体験が対応づけられてはじめてその意味を理解し、使用することができるようになります。意味を理解するということは、情報を記号的に処理するだけでなく、情報を自分の身体的な体験とつなげる行為であるといえるでしょう。また、情報を記録したり、時間や空間を越えて他者に伝達するためには、必ず、声に出したり、紙に書いたり、何らかの物質（メディア）によって実在化する必要があります。そのため、情報はその記録や伝達において、メディアの物理的な接触を通して必ず身体にも働きかける、触覚的な性質をもつことになります。ひとつ目に、このような言語的な意味理解やコミュニケーションを促す触覚の役割に着目します。

2．「触覚による意味の伝達」（触覚のメディア性）

話し言葉において、声は音自体を伝えているのではなく、その音のパターンが指し示す意味を伝えています。書き言葉においても、文字は紙の上の黒いシミや文字の形自体を伝えているのではなく、その形が指し示す意味を伝えています。そうであるならば、触覚においても、触感そのものを伝えるだけではなく、そのパターンから何らかの意味を伝えることはできないでしょうか。ふたつ目に、このような触覚による意味伝達の可能性について考えていきます。

ひとつ目のメディアの触覚性とは、音声や文字に基づく既存の言語情報を、触覚の力を借りることで、より深く体験的に理解・伝達することを促します。そして、ふたつ目の触覚のメディア性とは、触覚に記号性を付与し、情報伝達の枠組みを広げようとするものです。

本書の構成

第1章「触覚と情報」では、触覚と情報それぞれについて、基礎となる知識を紹介し、それらの捉え方をみなさんと共有するところからはじめます。第2章から第5章までの四つの章では、私が携わった研究活動・プロジェクトについて具体的に述べます。第2章「触れて情報を理解する」と第3章「触れて現れる情報、触れて残る情報」は、おもにひとつ目のテーマである情報理解や情報伝達における触覚の役割について、第4章「触覚の語彙、語彙としての触覚」と第5章「触覚の文法」は、おもにふたつ目のテーマである触覚による意味の伝達についての内容です。以下、第2章〜第5章についてもう少し具体的に紹介します。

第2章では、言語記号がどのように自身の体験と結びつけられて、その意味理解へとつながるかを述べます。言語記号の中でとくに「生命（いのち）」という概念を取り上げ、自身の鼓動と同期して振動する物体に触れるという触覚の体験が、その概念の理解にどのような役割を果たすのかを考えます。

第3章では、言語記号がどのようにメディアによって伝えられるのかについて考えます。具体的には、コンピュータの画面を指でなぞると、そこに文字が現れて消えるという新しい文章表示方式が生み出す読文体験と、その情報伝達の意義について述べます。

第4章で考えるのは、触覚と言語の関係です。とくに、触感を表すオノマトペ（「さらさら」「ざらざら」など擬音語・擬態語の総称）に着目し、言語の視点から触覚の感覚体験の分類を試みます。さらには、感覚と記号がどのように結びつけられるのかを考察します。

第5章では、触覚の感覚を組み合わせることで、何らかのイメージ（意味）を伝達する試みを紹介します。具体的には、触感の組み合わせを譜面として表すことができるマッサージに着目し、触感の組み合わせによる感覚イメージの伝達について述べます。

†

ここまで、第2章から第5章までのテーマを見ると、記号や文章、オノマトペ、マッサージと、その内容は一見バラバラのように見えるかもしれません。しかし、これらのプロジェクトの背後には、ひとつのコンセプトが存在します。もう少し正確にいうと、私がこれらのプロジェクトに並列的に関わる中で、ひとつのコンセプトが見いだされてきました。私はそのコンセプトを「触知性」と名づけています。

「触知性」とは、tactility という英単語の訳語のひとつです。tactility にはおもに「触覚を通じて知覚し、それに反応する能力」という意味がありますが、その日本語訳のひとつに「触知性」という語がありました。ここで、「触知性」という語を構成する漢字に着目すると、この語は単純に感覚としての触覚を意味しているだけでなく、その感覚を関連づけ、何らかの体系と結びつける知的能力（知性）を連想させます。そして、このような「触知性」という語のもつ印象は、「身体と情報を結びつける触覚」という本書のテーマと重なるものであり、本書のキーコンセプトとして位置づけています。

身体に深く根差しつつも、情報を理解し伝達するために必要となる感覚のリテラシー（＝「触知性」）。本書では、さまざまな実践をとおして、触知性のあり方、磨き方を提示していきます。

第1章

◉

触覚と情報

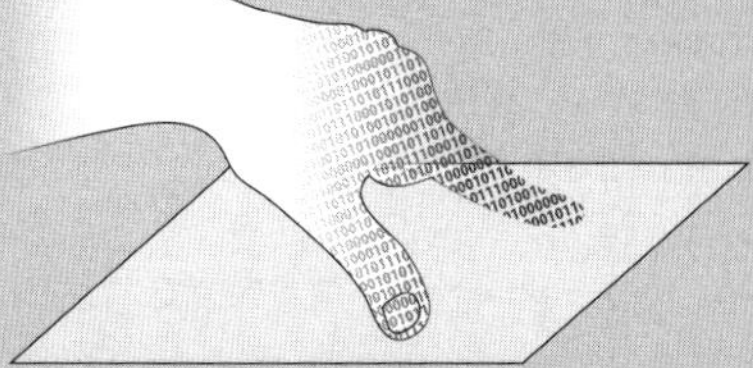

一　触覚

触覚という感覚

　近年「触覚」という言葉を耳にする機会が多くなりました。しかし、それが意味するところについては、明確なコンセンサスがあるわけではありません。私たちは、皮膚を物体に接触させることで、物体の表面形状や材質、温度を知ることができます。専門的には、この感覚を「皮膚感覚（cutaneous sense）」と呼びます。また、手や足といった身体部位がどこにあるのか、その部位にどのくらいの力が加わっているのか、筋肉や腱の状態についても感じることができますが、これは「自己受容感覚（proprioceptive sense）」と呼びます。そして、皮膚感覚と自己受容感覚を合わせて、身体で感じる感覚一般を「体性感覚（somatic sense）」と呼びます（表1－1）。このような分類の中で、一般的な呼称として、振動の感覚のみ、もしくは皮膚感覚を狭い意味での「触覚」（英語ではおもにtactile sense）と呼ぶことがありますが、本書では、自己受容感覚や痛みなどの感覚まで合わせた、手の動きや皮膚の接触によって得られる感覚一般を「触覚」（英語ではおもにhaptic sense）とします。

表1-1　触覚の専門的な分類

体性感覚	皮膚感覚	圧力、振動、小さな形状、摩擦、温度
	自己受容感覚	位置、力

触覚と脳

五感の中でも触覚は、視覚（眼）や聴覚（耳）、嗅覚（鼻）、味覚（舌）と異なり、センサーが体中の皮膚に存在し、身体部位によってその感度が大きく異なります。たとえば、数センチメートル離れた二箇所に同時に触れて、それが一点に感じるか二点に感じるかを問い、二点に感じられる限界を調べるテスト（二点弁別課題）を行うと、指先や唇では、二点間の距離が数ミリメートルでも二点に感じられますが、背中では五センチメートル離れていても一点に感じることがあります。

このとき単純に、二点弁別の感度が高いところは、触覚のセンサー（受容器）が多く、その処理にたくさんの脳細胞が必要になると考えると、二点弁別の感度が高い身体部位ほど脳の中で処理が行われる面積が大きいということになります。実際、脳の中で触覚の処理を行う「体性感覚野」と呼ばれる部位の「感覚の地図」（身体部位とその部位の感覚処理を行う脳の位置の関係をマップしたもの。図1-1）では、感度が高い身体部位ほど大きな面積を占めています。また、このような脳の「感覚の地図」に合わせて再構成された身体像は「感覚のホムンクルス」と呼ばれ、図1-2のように、感度の高い部位である、手の指先や唇が

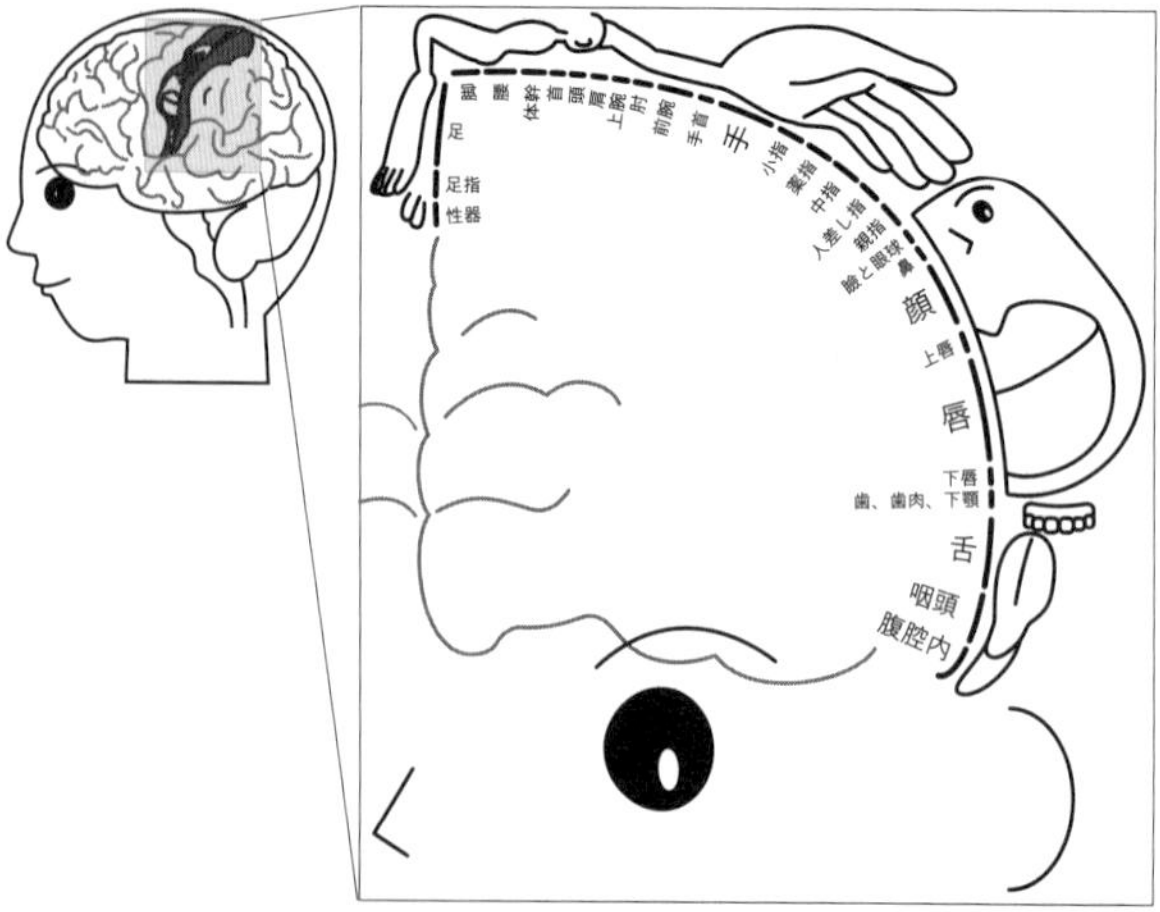

図1－1　身体部位とその感覚処理を行う脳の体性感覚野での位置の関係を横から見たもの（左）と正面から見たもの（右）　体性感覚野は頭頂から耳の少し前にかけて脳の表面に存在している。

大きな人間の姿をしています。これは、普段私たちが目にしている物理的な世界の触覚（皮膚の面積など）と、脳の中で処理されている感覚の世界の触覚は、大きく異なっているということを示しています。

対象認知のための触覚

私たちの触覚は、皮膚の中にある数種類のセンサーからの信号や、筋肉や腱にあるセンサーからの信号が神経を通して脳に伝えられることで生み出されます。たとえば、図1－3は皮膚の中にある圧力や振動を感じるための受容器を示したものですが、皮膚の表面付近、

図１-２　感覚のホムンクルス

指紋によって生じる淵の周りには「メルケル細胞」や「マイスナー小体」と呼ばれる受容器が存在しています。さらにもっと内部に入ると、「ルフィニ終末」や「パチニ小体」と呼ばれる受容器があります（発見した科学者の名前にちなんで受容器の名がつけられています）。これらはすべて、異なる皮膚変形に反応する特性をもつ受容器で、これらからの信号をもとに、物体の凹凸や粗さ、摩擦といった感覚が生み出されます。さらに、筋肉や腱にある受容器からの信号が組み合わされることで硬さの感覚が、温度や痛みを感じる神経線維からの信号が組み合わされることで温かさや冷たさ、鋭さなど、さまざまな表面テクスチャーの感覚を感じることができます。

また、触覚は環境にある物体の性質を把握するだけでなく、体温の調節や血液の流れといっ

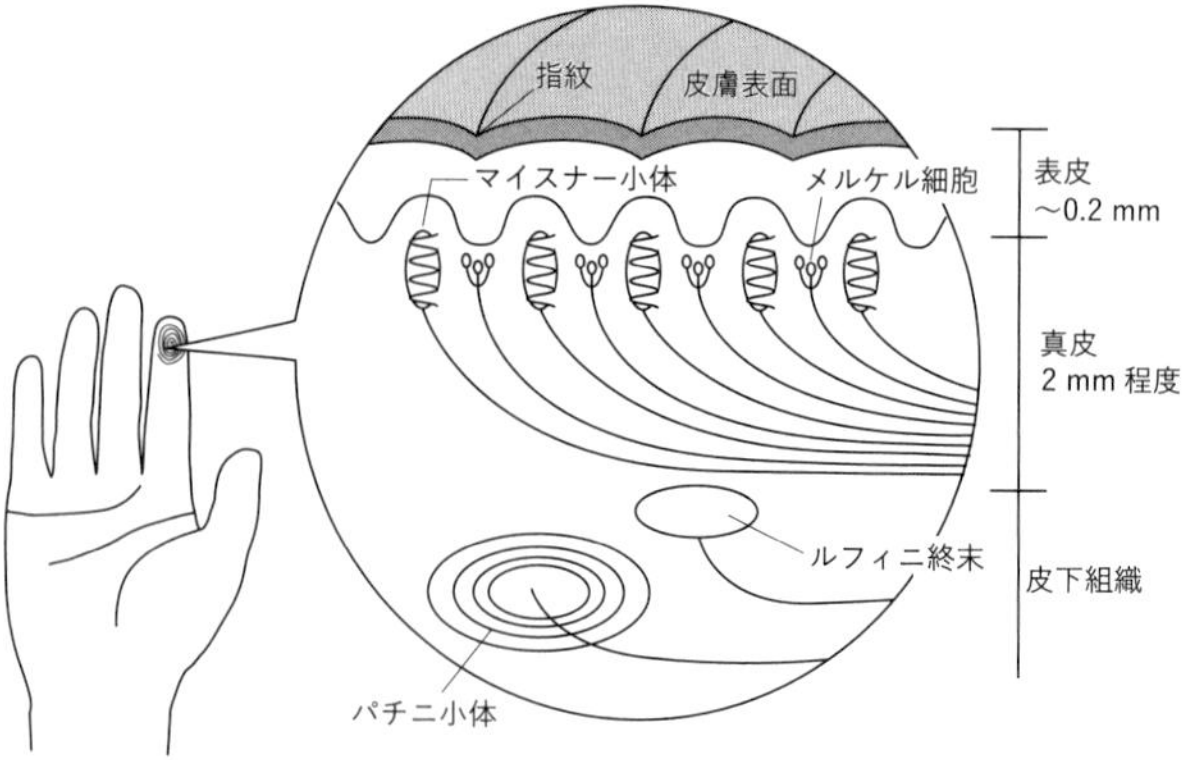

図1-3 皮膚内部の触覚の感覚受容器 受容器の大きさはデフォルメしている。

た生存に関連する身体機構や、感情をつかさどる脳部位へつながる神経線維に物理的に作用し、快・不快といった感情に直接的に影響を及ぼします。さらに、誰かの身体に触れる、誰かに身体を触れられるという体験は、触れた対象の性質を知るというだけでなく、触れた側、触れられた側の両方に強い感情の変化を生み出します。このような理由から、近年は、プロダクトデザインやインテリアデザイン、ファッションといった分野でも、触覚や触覚的なデザインが注目されるようになりました。

触覚提示インタフェース

触覚を人工的につくり出す研究も数多く行われています。普段私たちが、携帯電話の着信などで感じる振動は、ひとつの触覚提示ということができるかもしれませんが、バーチャルリアリティの分野では、実際にはそこには存在しないものが、あたかもそこにあるかのような精細な触感をつくり出す研究が行われています。これまでに、粗さや硬さ、形状、摩擦、温度の感覚を提示できる技術が開発されています。また、物に触れた感覚を再現することで（ある程度なら）遠い場所へ触感を伝えたりできるようにもなりました。しかしながら、現在のところ、視覚における液晶ディスプレイやプロジェクタ、聴覚におけるスピーカーやヘッドフォンに対応する、私たちが日常目にするような「標準的」といえる触覚提示装置は存在しません。そして何より、これまでの触覚の研究は、感覚そのものを再現することに重点が置かれ、触覚によって別の何かを指し示すという、記号としての特性について議論されることは、ほとんどありませんでした。

存在感覚としての触覚

視覚や聴覚が、直接的に身体に影響を与えることが少なく、非接触の対象の認知を目的とするという意味で「非身体的で遠隔の」感覚である一方、触覚は、直接的に身体の状態が変化し、接触によって対象を把握する「身体的で直接の」感覚です。

「身体的で直接の」性質をもつ触覚は、自分の身体の存在や他者との関係を確かめる感覚でもあります。生まれたばかりの乳児は、目や耳が十分に発達していないので、

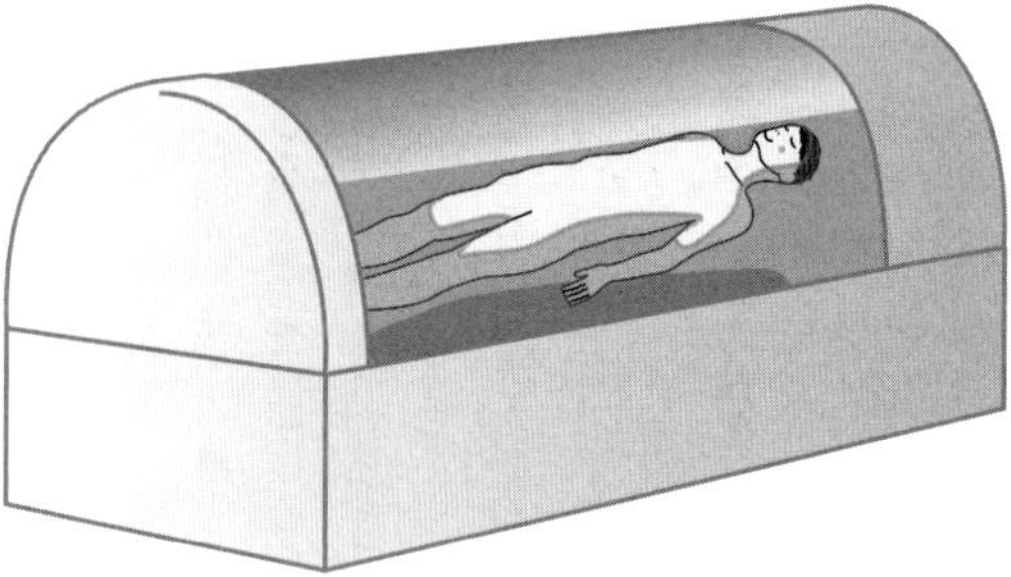

図1-4　アイソレーション・タンクでの感覚遮断のイメージ

周りのものに直接手で触れ、母親に抱かれることで、物体や他者の存在を確かめているといえます。乳児だけでなく大人も、自分自身の身体に触れることで、自分と自分でないものを区別し、自身の身体イメージをつくり上げています。

触覚が自分の身体の存在を確かめる感覚であるということを、あえてそれを失うことで実感するという試みも行われています。図1-4のような「アイソレーション・タンク」と呼ばれる装置を使うと、自分の身体の境界が消えてしまうような体験を人工的に起こすことができます。タンク内部に人間が浮かぶ程度の比重で体温に近い温度の液体を入れ、その液体に人を浮かべます。タンク内部には流れもないため、浮かんでいる人は皮膚表面の感覚がほとんど感じられなくなります（自分の肌と液体との境目がわからなくなります）。さらに、タンク内を完全な暗闇、無音にすることで、視覚、聴覚、触覚の入力がすべてなくなります。そうすると、数分のうちに自分の身体が消えてなくなるような感覚になるのです。

このような「感覚遮断（sensory deprivation）」と呼ばれる体験は一九五〇年代に考案され、現在も人間の感覚の研究や心理療法で使用されています。そして何より、自分の身体の境界がすべてなくなったときに感じる浮遊感や、ある種の開放感は、普段の生活の中で身体感覚や触覚が自分自身の存在を確かめるうえでどれほど重要な感覚であるかを改めて気づかせてくれます。

また、触覚を失うことで生じる「触れたときに触感を感じない、痛みを感じない」という状況は、それ自体が生命活動に致命的な影響を与えます。たとえば、歩くという単純な運動を考えてみても、足を踏み出したときに生じる足裏からの触覚があってはじめて、踏み出しの運動がうまくいったということを確かめることができますし、踏み出しと足裏の感覚のリズムによって周期的な運動を継続することができます。さらに、痛みを感じないとすると、自身の身体が危険な状況にある、もしくはすでに損傷があることすら察知できません。このように触覚は、生きていくうえで欠くことのできない感覚といえます。

触覚と情報認知

一方で、日常生活における情報認知や言語によるコミュニケーションを考えてみると、触覚はどちらかというと補助的な役割を担うものと考えられています。文字を読むのは視覚を通してですし、音声を聞くのは聴覚です。触覚に基づく言語記号は、視覚に障がいをもつ方々が使用する点字や指点字といわれる、特別な方式を除いて存在していません。

情報を入力するということでは、実世界の物体を押したり、動かしたりすることで情報操作を行うインタフェースが提案されていますが、現在のところ、触覚が関連する入力インタフェースのほとんどはタッチパネルに留まっています。近年、急速に広まっているタブレット型コンピュータやスマートフォンは、オン・オフのスイッチ操作の代わりに画面接触や身体動作を利用しているにすぎず、色を組み合わせるように触感を組み合わせて情報を伝達したり、声の抑揚で感情を表すように、触感に変化をつけてコミュニケーションを行うことはできていません。触覚は人間の生存にとって非常に重要でありながら、情報認知やコミュニケーションにおいては、どちらかというと付加的なものとして考えられているのが現状だといえます。

二　情報

次に、本書で取り上げるもうひとつの重要な話題である「情報」について考えていきましょう。ここまで、「情報」という言葉を何度も使用してきましたが、そもそも情報とは何でしょう。情報収集、情報処理、情報伝達、生活情報、個人情報、遺伝情報……。日常、情報を含む語を使用することは数多くありますが、これらの語の中で使用されている「情報」とは、みな同じ意味で使用されているのでしょうか。情報は集めたり、加工したり、送ったりできる物質的なものなのでしょうか。それとも、お知らせの文章や、人の名前、遺伝子の組み合わせパターンといった、何かを特定するための非物質的なものなのでしょうか。まず、これまでの情報に対する考え方を整理し、本書で扱う「情報」の範囲を明らかにしていきます。

記号伝達と意味伝達

情報とは何か、その定義については、これまでも多くの議論がなされてきましたが、それは大きく、記号の伝達に着目した考え方と意味の伝達に着目した考え方のふたつに分けられます。ここで、記号とは「それ自体ではなく別の何かを指し示すもの」、意味とは「記号によって指し示される何か」のことです（記号自体にもさまざまな定義がありますが、本書では一般に使用されることが多いこの定義を使用します）。

記号伝達に着目した情報の考え方の代表例として、クロード・シャノン（Claude E. Shannon、一九一六～二〇〇一）の『通信の数学的理論（*A Mathematical Theory of Communication*）』（一九四八）に端を発する情報の定義が挙げられます。このシャノンの定義による情報の量は、「どれだけの事象からひとつの事象が決定されるか」によって定義されます。たとえば、晴れと雨が半々の確率（それぞれ二日に一回）で起こるときに、「明日は晴れだ」と伝えられたとすると、その言葉（記号）はふたつの事象の可能性をひとつに絞る情報量をもちます。これは、「0」という記号が「晴れ」を意味し、「1」という記号が「雨」を意味するときに、二進数（0と1の二種類の数字の組み合わせによって数値を表現する形式）のひとつの桁が0に決まることに対応し、その情報量は一ビット（bit）と表現されます。ビットというのは英語の「binary digit（二進数字）」の略で、2を単位にした単位系です。

またさらに、晴れと雨と曇りと雪が同じ確率（それぞれ四日に一回）で起こるときに、「明日は晴れだ」ということを伝えられたとすると、その記号は四つ（2の2乗）の事象の可能性をひとつに絞る情報量をもつので、さきほどの二倍の情報量、二ビットの情報をもつことになります。これは、四つの事象を0 0、0 1、1 0、1 1としたときに、二進数のふたつの桁が決まることに対応します。さらに、晴れの日が八日に一回しかないときには、「明日は晴れだ」を伝達する記号の情報量は八つ（2の3乗）の事象をひとつに絞り込むことになり、三ビットとなります。これは、二進数の三つの桁が決定されることに対応します。このように、起こる確率が低い事象に関する記号であるほど、その情報量は大きくなります。正確には情報量 $I = \log(1/p)$ と表され「pは事象の起こる確率、対数（log）の底はコンピュータとの親和性から2」、ここまでの例にあるように、$1/2^n$ の確率で起こる事象の情報量は n ビットとなります。

ただし、このような定義に基づく情報量は、それが何を指し示すのか、何によって伝えられるのか、誰が受け取るのかによりません。たとえば、ハードディスクやメモリの容量は、一GB（ギガバイト）や一〇〇MB（メガバイト）のように表されますが、これはシャノンの情報量の定義を基礎とするもので、そこにどのような内容が記録されているかによりません。そこに記録されているものが、国家機密や有名人のプライベート写真であろうとも、シャノンのいうところの情報量は変わらないのです。また、明日晴れるという情報は、テレビで知ろうと、新聞で知ろうと、同じ情報量をもちますし、天気に関する情報の受け手が、天気に関係なくずっと屋内で仕事をしている人でも、農家で毎日の天気を心配する人でも同じ情報量ということになります。

また、天気の例について述べたときに、「晴れと雨が半々の確率で起こるときに」

と前置きをしましたが、そもそも、この情報量を決定するためには、記号が指し示す事象の生起確率があらかじめわかっている必要があります。そしてそれが、送り手と受け手で共有されている状況でのみ使用可能となります。このような特徴は、ハードディスクの容量計算、電話の音声伝送やインターネットでの映像伝送における効率性といった、機械どうしの通信、つまりは発信者から送られた記号が改変されることなく受信者へ伝わるということを考えるうえで適したものであるといえ、一方で、意味が状況に依存し、意味解釈の不確定性が生じる人間どうしのコミュニケーションにおける「情報」の定義として利用することは難しいと考えられます（シャノンの論文の中でも「意味」の伝達は別のものとして明確に区別して扱われています）。

意味伝達のための情報

では、もうひとつ別の情報の定義、意味伝達に着目した定義とはどのようなものでしょうか。それは、記号伝達の様式が送り手と受け手であらかじめ共有されていない状況での情報の定義であり、情報の価値は「記号から受け手がどのような意味を受け取るか」によって決定されます。それは、常に他者との関係性の中で生じる私たちのコミュニケーションのあり方であり、人間や生物のための「情報」の定義といえます。

動物も含め私たち生物は、それぞれ独自の感覚世界の中で行動し、生きています。

種が違えば、身体的機能や感覚器の特性が異なり、環境から得られる感覚の質、量が大きく異なります。たとえば、鳥は人間には感じることのできない光や音も検知することができ、それらの感覚に対して「餌」や「敵」という何らかの生存的意味を見いだし、くちばしを伸ばす、逃げ出すといった行動をとります。このとき、人間にとって感じることのできない光や音のパターンも、鳥にとっては意味が生じているといえます。情報学者 西垣通氏（一九四八〜）は、著書『基礎情報学』の中で、このような、ある生命にとって意味のある感覚のパターンを「生命情報」と呼んでいます。つまり、生命情報という視点から考えると、ある生物にとって生存的価値が高い感覚のパターンが価値ある情報であると定義することができます。

また西垣氏は、同じく『基礎情報学』において、「生命情報」の中でもとくに、人間の使用する言語記号やその意味の伝達に関する情報を「社会情報」という別の情報として区別しています。言語は、音韻や文字という記号の体系と、それらによって指し示される意味の体系によって構成されています。たとえば、日本語において「うさぎ」（白い体毛に覆われ赤い目をした長い耳をもつ動物）は、音韻（/usagi/）や文字（「兎」）によって表されます。このとき重要なことは、受け手が、音韻のパターンや文字の明るさのパターンを知覚できたとしても、その言語体系（音韻や文字とその意味をつなぐ辞書）を共有していなければ、その音の響きや文字の形態が、「白い体毛に覆われ赤い目をした長い耳をもつ動物」（意味）を指し示していることが理解できないということです。

このように「社会情報」においては、音韻や文字（音や形のパターン）がほかの記号と区別されるだけでなく、それが指し示すものを受け手が何らかの体系に基づいて認知してはじめて、その記号は情報となります。もちろん、何が認知されるかということは、受け手の意味解釈の体系によっても異なります。たとえば、同じ「馬鹿」という文字を見たとしても、日本語話者は人間の性質や行動の評価について「愚かである」という意味を受け取りますが、中国語話者は動物の鹿に関する意味を受け取ります。英語話者にとっては、それは文字として認識されないので、情報ではありません。つまり、「社会情報」とは、言語をはじめとする人間どうしのコミュニケーションにおいて使用される記号であり、それが受け手の体系を通して解釈可能で何らかの意味を生じさせるときにはじめて情報となり、その受け手にとっての価値が大きいほど大きな情報量をもつと考える定義なのです。

生命情報と社会情報の違い

ここまで、意味に着目した情報の定義として、「生命情報」と「社会情報」のふたつを取り上げましたが、ここで疑問となるのは「生命情報」と「社会情報」はいったい何が違うのかということです。鳥が、餌となる動物を発見してそこに向かって飛んでいく行動（生命情報による行動）と、人間が「ご飯」と書かれた看板を見て定食屋に入っていく行動（社会情報による行動）は、何が違うのでしょうか。鳥が生命情報に反応している様子を外から観察すると、その光や音のパターンを何らかの意味（餌や敵）を指し示す記号として理解し、その理解に基づいて行動を決定しているように見えるかもしれません。そのように解釈すると、鳥と人間の行動に大きな違いはないでしょう。しかしこの鳥の行動は、鳥が記号（光や音のパターン）の指し示す意味を理解したうえで行動しているというよりはむしろ、光や音の物質的なパターンに対する感覚・運動器官および神経の半自動的な反射として、生存的に価値ある行動が駆動されていると考えたほうが適切であるように思います。つまり、「生命情報」とは、その物質的なパターンおよびそれによる半自動的な反応によって受け手の行動が駆動されるものであり、同じ状況であれば同じ行動を引き起こす情報であるといえます。

一方、人間は、「ご飯」という看板を見たとき、同じくらいお腹がすいていたとしても、あるときは「家で食べるから定食屋に入らない」という行動をとることができますし、あるときは「家にはご飯がないので定食屋に入る」という行動をとることができます。つまり、「社会情報」は、その物質的なパターンから指示される意味に対して、同じ状況であったとしても、受け手の意識活動によって異なる行動が生じうる情報だといえます。このように、「生命情報」が、基本的に「刺激」と「反応」というふたつの要素の物理的な相互作用に基づいて決定されるのに対し、「社会情報」は、「記号（刺激）」に対して、その意味を解釈する「受け手の体系」が存在し、その処理に基づいて「反応」が決定されるという、三つの要素の関係によって成立しているのです。

また、別の視点からの「生命情報」と「社会情報」の違いとして、「生命情報」はそれがどのような物質によって構成されるかが情報として決定的な違いを生み出しますが、「社会情報」においては、その記号がどのような物質によって構成されるかは、第一の違いにはなりません。たとえば、紙に鉛筆で書かれた「兎」という文字も草に描かれた「兎」の文字も、同じ「うさぎ」という動物を意味するものとして機能します。一方、これらを鳥の生命情報として考えたときには、紙と草の物質の違いそのものが非常に大きな違いを生み出します（草は餌の可能性を示唆するなど）。

そして、これにともなう「生命情報」と「社会情報」の違いとして、社会情報における記号は、パターンによって定義されるということがいえます。たとえば、手書き文字は、毎回その形や大きさが異なりますが、形そのものではなく形のパターン（形を構成する要素間の関係性）が記号としての役割を決定します。二本の棒が縦に引かれていたときに、それぞれの長さ自体が文字の意味を決定するのではなく、二本の棒のうち左が長ければ「い」、右が長ければ「り」となります。つまり、物質それ自体の性質だけでなく、その物質がもつパターンがそのほかのパターンとどれだけ異なるかが重要になり、それによって記号のカテゴリが決定されます。これは、話し言葉にもあてはまり、男性が発音した「あ」と女性が発音した「あ」では、音の高さをはじめとする音響的な性質はとても異なるものですが、音のパターン、つまり、音韻を構成する音響的な周波数間の関係性が、その人が発するほかの音韻とどのように異なるかで、記号としての分類が決定されるということです。

文化人類学者グレゴリー・ベイトソン（Gregory Bateson、一九〇四〜一九八〇）は「情報」（社会情報）を「差異（ちがい）を生み出す差異（ちがい）（Information is the difference that makes a difference.）」と定義しています。日本語の定義にあるふたつ目の「差異（ちがい、difference）」とは、記号を構成する物質のパターンがほかの物質のパターンと区別されるということで、記号がほかの記号と区別できることは、情報の必要条件となります。ひとつ目の「差異（ちがい、difference）」は、指し示されるものが受け手にとって、ほかの何かと区別されるべき価値（差異）を生み出すということです。このように社会情報とは、物質のパターンの差異が認知されるだけでなく、受け手の体系によって解釈され、受け手に価値を生み出すものといえます。

また、やや余談になりますが、ご存じのように「情報」に対応する英単語は

表1-2　記号伝達と意味伝達による情報の分類

情報の種類	情報の定義	受け手	伝達要件	解釈
機械情報	記号伝達	受け手によらない	物質のパターン	
生命情報	意味伝達	受け手による	物質による	解釈なし
社会情報	意味伝達	受け手による	物質のパターン	解釈あり

「information」です。これは「伝える」という動詞「inform」の名詞形であり、「in-form」つまり、元来、人間の内側で形づくられる何かを情報と呼んでいたといえます。むしろ、語源から考えるのならば、受け手の意味解釈によって生じる価値である社会情報が元来「information」と呼ばれていたのかもしれません。

ここまで述べてきたように、情報はその記号伝達の過程に着目するのか、意味伝達の過程に着目するのかで、その定義が大きく異なります。表1-2の一行目のように、記号伝達に着目するのであれば、それはパソコンのハードディスクの容量のように、記号が何を意味しているのか、誰が受け取るのかによらず、その効率性や大きさについて議論することができます（西垣氏は「機械情報」と呼んでいます）。一方、意味伝達に着目するのであれば、表1-2の二行目（生命情報）、三行目（社会情報）にあるように、受け手にとっての価値まで含めて情報は考えられることになります。生命情報では、おもにその物質的な属性によって受け手の行動が決定されるのに対して、社会情報においては、物質のパターンが重要であり、さらに、受け手の意味解釈の可能性まで含めて考えられることになります。

本書では、私たち人間の日常のコミュニケーションにおける意味伝達のあり方やそこでの触覚の役割、さらに、触覚を記号とした意味伝達について取り上げることを目的としていますので、以降、とくに断りのない限り、「情報」はすべて「社会情報」を指すこととします。

三　メディアの触覚性、触覚のメディア性

序章で述べたとおり、本書は、「情報理解や情報伝達における触覚の役割」（メディアの触覚性）、「触覚による意味の伝達」（触覚のメディア性）というふたつの話題に着目しています。これまで何度か、触覚と情報は別々の分野として研究が行われてきたと述べましたが、では、それらはどのように結びつくものなのでしょうか。

メディアの定義

言語をはじめとする社会情報は「差異を生み出す差異」、つまり、「受け手に価値をもたらす、物質によらないパターン」に本質があり、とくに言語は、思考をはじめとする人間の精神的活動と深く関連するものです。ただし、忘れてはならないのは、社

会情報は物質自体ではないところに本質があったとしても、それを記録したり、他者に伝えるためには、必ず声に出したり、紙に書いたり、何らかの物質によって実在化しなければならないということです。

その社会情報のパターンを構成する物質は「メディア（媒体）」と呼ばれます。たとえば、狼煙《のろし》によって情報伝達が行われるとき、煙が何回上がるかといった煙が引き起こすパターンが記号（受け手にとっての情報）であり、煙はメディアとなります。ただし、正確にいうと、メディアとは情報伝達の際の、物質の様態と定義されるので、ただ焚《た》き火をしていても煙はメディアとはいえず、狼煙として何らかの情報伝達が行われてはじめてメディアとなります。同様に、文字の書かれた紙はメディアということができますが、文字の書かれていない紙はメディアではなく物質です。

メディアはメッセージ

情報とは、パターンの「差異」によって規定される非物質的なものですが、その記録や伝達においては、物質的な媒体（メディア）を必要とします。それは言い換えると、情報自体は物理的なものに左右されないものである一方、その記録や伝達に際しては、物理的な存在であるメディアを通して身体にも働きかけるものであるということです。

表1-3　情報伝達における記号と媒体（メディア）のメッセージ

記号	→	意味（メッセージ）
媒体（メディア）	→	感覚イメージ（メディアメッセージ）

そして、他者へのメッセージの伝達を考えたとき、表1-3にあるように、何が伝えられるかという記号の意味によるメッセージだけでなく、それがどのように伝えられるかというメディアがもつ感覚イメージも、ある種のメッセージを含んでいると考えることができます（一般的な語ではないですが、本書ではこれを「メディアメッセージ」と呼びます）。同じ文章が書かれていても、それがどんな紙（メディア）に書かれているかで、その手紙全体から受ける印象が異なるというのは、私たちの日常の経験に反するものではないと思います（社会情報も、その伝達においては生命情報の側面をもつということです）。

このような、情報伝達におけるメディアのあり方を、英文学者マーシャル・マクルーハン（H. Marshall McLuhan、一九一一～一九八〇）は、「メディアはメッセージである」と述べています。また、マクルーハンはメディアはその物質性を通して身体的に、直接的に働きかけるものであるという性質を強調して「メディアはマッサージである」という言葉も残しています。

ソマティック・マーカー

このような記号とメディアの強い結びつきは脳科学の研究からも示唆されています。脳神経科学者アントニオ・ダマシオ（Antonio R. Damasio、一九四四〜）は、人間の意識の合理的な記号操作の結果である推論や意志決定においても、身体の調節系（心臓の鼓動の変化や呼吸の変化）に基づく情動が深く関わっているという「ソマティック・マーカー」仮説を提案しています。ソマティック（somatic）とは「身体の、肉体の」という意味をもつ語で（体性感覚の英訳も somatic sense でした）、身体的反応が意志決定の際の標識（マーカー）として機能するという説です。

たとえば私たちは、無意識であっても、自身が興味あるものには瞳孔を開き、緊張すれば手に汗を握り、恐怖するものを前にすれば冷や汗が出ます。多数の選択肢の中から適切なものを選択する意志決定の場において、選択肢に対して半自動的に抱く快・不快、好き・嫌いといった身体的反応に基づく判断が選択肢にあらかじめ優先づけを行い、記号的判断に効率性をもたらしているというのです。身体的な反応によって情報の価値がすべて決まるというのは言い過ぎかもしれませんが、記号の判断には身体的反応は関係ない、もしくは、合理的判断には感情は邪魔になるという従来の「常識」に反して、むしろ言語的な判断に代表される記号操作と身体による反応は相補的に働いているということが示唆されています。

情報理解における触覚

このように、情報の理解には、その記号的な理解（メッセージの理解）だけでなく、情報に対する情動的な反応や情報のパターンが刻まれたメディアを通した身体的な理解（メディアメッセージの理解）が存在します。そこで前者を「記号的理解」、後者を「体験的理解」と呼びたいと思います。記号的理解は、物事を概念のカテゴリを通して理解するもので、離散的で高速な処理であり、体験的理解は、曖昧な感情や身体の反応を含んだ連続的な処理ということができます。このふたつの理解のあり方は、どちらも私たちが生きていくうえで欠かすことができないものであり、密接に結びついて統合的な世界理解を可能にしています。

現代社会では、携帯電話やインターネットをはじめ、さまざまなテクノロジーによって、毎日莫大な量の情報が送られてきます。私たちはそれらをできるだけ効率的に処理することを強いられていますが、それは、情報を記号的に理解することを強いられているともいえます。これは、情報を自分自身と関係づけ、実在性とともに意味づける感受性、つまりは、体験的に物事を理解する力を弱めることにつながっているかもしれません。ひとつ目の話題、「情報理解や情報伝達における触覚の役割」とは、記号的理解と体験的理解を結びつける方法論として、メディアのもつ触覚性に注目していこうというもので、第2章、第3章では、触覚を利用した新たな意味理解、意味伝達の試みを紹介します。

触覚による意味の伝達

また、もうひとつの話題、「触覚による意味の伝達」(触覚のメディア性)というのは、触覚を通じた意味伝達の試みです。触覚の感覚研究やその感覚の提示技術は、今後ますます発展していくと考えられます。将来的には、どこか遠い場所にある物の触感——たとえば布の触感や肌の触感といったもの——もコンピュータの画面からリアルに伝えられる日がくるかもしれません。しかしそうなったとしても、触覚の記号性、つまり、触覚による意味伝達の可能性は重要なテーマとして残ります。これまで視覚や聴覚において、その言語的な役割とともに考えられてきたことを触覚においても進めていく必要があります。

私たちは、色を見たときにそれが何色かを認識するだけでなく、無意識的にそれに対して暖かさや冷たさを感じたり、記号としての役割を付与したりしています。たとえば信号であれば、赤を「止まれ」、青を「進め」を指し示す記号として理解します。また、色の知覚ではその感性に関する組み合わせ理論が確立されており、色相環や色立体上の配置に基づいたカラーデザイン法がいくつも提案され、それに基づいて広告の文字の色や、服や家具のデザイン、さらには芸術作品としての絵が描かれたりしています。音の場合も、音の高さや大きさだけでなく、明るいイメージや暗いイメージを引き起こす音の組み合わせ、さらにはコード進行のルールから音楽を作曲する理論が存在しています。

私たちは、触覚においても、その粗さや硬さを知覚するだけではなく、それを別のものを指し示す記号として使用したり、その組み合わせの理論を構築して、絵を描くように触感を組み合わせ、言語的に使用することができる可能性があります。このような分野は、これまでほとんど研究が行われていませんが、今後は、触覚を感覚そのものとしてのみ考えるのではなく、記号や言語を媒介する感覚として考えることが必要になるのではないでしょうか。そこで、第4章、第5章では、その原初的な試みを紹介していきます。

ここまで、触覚と情報のそれぞれについて基礎となる概念を共有してきましたが、これからは触覚と情報をつなげる実践の様子を見ていくことにしましょう。

第2章

触れて情報を理解する

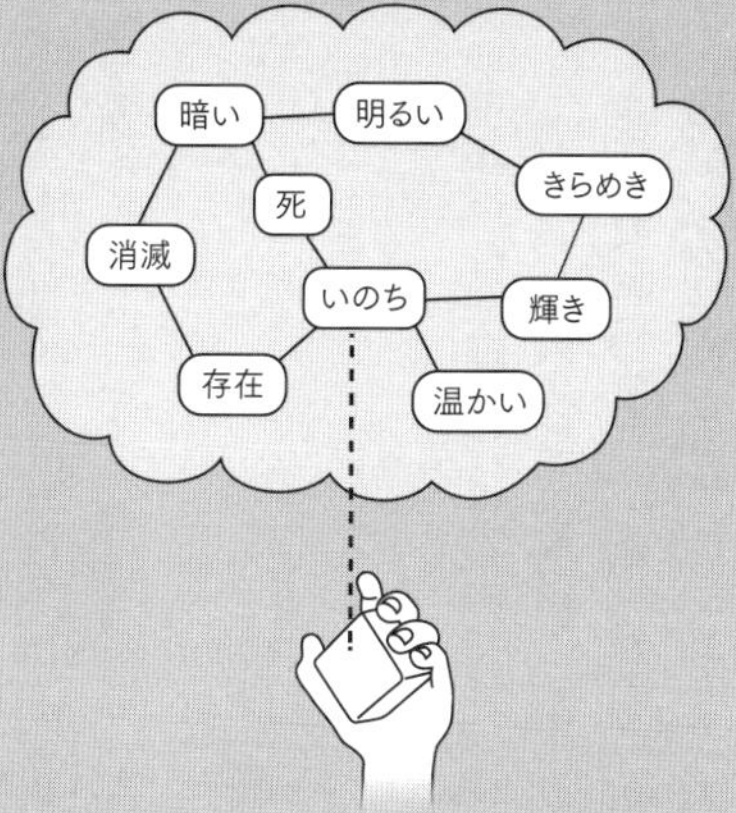

序章では、「触知性」という語は感覚としての触覚を意味するだけでなく、感覚を関連づけ、何らかの体系と結びつける知的能力（知性）を含むものであると述べました。本章では、触覚の体験がどのように既存の言語記号と結びつけられ、その理解においてどのような役割を担うことができるのか述べていきます。はじめに、「生命（いのち）」という抽象的な言語記号の理解と、それに関する体験的理解がどのように接続されるのか、「触れて記号の意味を理解する」ということを考えます。

一　記号接地

記号接地とは何か？

私たちが日常使用するもっともなじみ深い情報（社会情報）は言語です。一般に、言語記号の意味は辞書から学ぶことができます。たとえば、音韻 /usagi/ や文字「兎」という言語記号によって表される意味を辞書で調べると、「全身が柔らかい体毛で覆われている小型獣である。……他の獣と比しての特徴としては、耳介が大型なことが挙げられる。ウサギ目内では耳介があまり発達していない種でも、他の哺乳綱の分類群との比較においては耳介比率が大きいといえる」といった説明を見つけることができます。このとき、私たちは、実際にウサギに対する感覚情報をもっていない、つまり、「うさぎ」の姿を見たことがない、「うさぎ」の身体を触ったことがないとしても、これまで自分が獲得してきた「柔らかい」、「体毛」、「耳」、「大きい」、「小型獣」といった概念をもとに、その意味をおよそ理解することができます。しかし、このような、未知の言語記号を既知の言語記号で置き換えるという間接的な理解の仕方は、自分の身体的な体験と意味が直接結びついた状態ではありません。言い換えると、言語記号の意味が確固たる「自分事」として接地されていない（根づいていない）状態といえます。

また一方で、言語記号としての /usagi/ や「兎」を知らないとしても、体験として、山の中や動物園にいる白い体毛に覆われた耳の長い動物を見たことがある、もしくは、触れたことがあるかもしれません。この場合は、自身の中に「うさぎ」に関する体験が潜在的に存在していたとしても、言語記号との結びつきを通して明確に意識されることがない、つまり、ほかの動物と区別されて意識的に操作されることがない状態となります。このように、言語記号の意味を「自分事」として理解するためには、言語記号自体を学習するとともに、言語記号の指し示すものを自身の体験へ接地すること（「記号接地」）が必要となります。

記号の意味を理解する

ではどのようにすれば、「記号を接地する」、つまりは、記号の意味するものを自分との関係から体験的に理解することができるのでしょうか。実際に見たり聞いたり触ったりすることができる「兎」「林檎」「机」など、物理的に存在している物に対して、その記号の意味を接地することは、比較的容易であるといえるかもしれません。物に対して直接見て聞いて触れることで、その感覚を通して、これが「兎」だよ、「林檎」だよ、「机」だよ、とひとつひとつ具体的に確認することができるからです。そして、他者とも同じものを指し示しながらそれが何かを合意、共有することもできます。

では、「愛」「信頼」「生命」といった抽象的な対象を指し示す記号は、どのように記号接地することができるでしょうか。この場合、対象を実際に物として感じることはできません。たとえば、「愛する」という言語記号の意味は、その人が誰かを「愛する」もしくは誰かに「愛された」ときに、感じたこと、行動したことなど、個人的ないくつかの体験と結びつけられて、はじめてその意味が獲得されます。同様に、「信頼」という言語記号も、誰かを信じた体験、誰かに信じられた体験によって、その意味を個人的に獲得することができるでしょう。

記号の意味獲得において、対象が抽象的なものであり、体験的な理解が難しい場合、どのようにその意味を理解すればよいでしょうか。前に述べたように、基本的に記号の意味は、記号を別の記号で表した辞書が存在しますので、そこから間接的に理解することができます。しかしながら、それは必ずしも記号を接地することにはつながりません。たとえば、日本語の辞書で「愛する」という語の意味を引くと、「恋慕うこと」というひとつの定義を見つけることができます。もし、その人が「恋慕うこと」の意味を体験的に獲得していれば、その「恋慕うこと」に関する意味を転用することで、部分的にではありますが、「愛する」ということを体験的に理解したことになるでしょう。

しかし一方、「恋慕うこと」についても体験的に理解することが難しい場合、同じく「恋」とは何なのか、「慕う」とは何なのかをさらに辞書で引くことになります。ときに、困ったことに辞書によっては「恋」の定義として「男女の間で相手を愛する」と出てくることもあるでしょう。その場合は、また、「愛する」を辞書で引くことになり、いつまでたってもその意味を獲得することはできません。そうすると結局、記号をその記号体系の中の別の記号によって定義しなおしたとしても、どこかで記号が自身の体験的な理解と結びつかない限り、その意味は記号体系の中でグルグルとループすることになります。

記号の意味を獲得するうえで生じるこのような問題は、一般に「記号接地問題(symbol grounding problem)」と呼ばれ、人工知能やロボットといった人工物の意味獲得、さらには、人間の言語獲得の過程を考えるうえで重要な論点とされています。「記号接地問題」を最初に提起したスティーブン・ハーナッド（Stevan Harnad）は、「外国語の記号のみから外国語を学習する状況」を例に挙げて、以下のように問題提起しました〔引用は〈岩波講座コミュニケーションの認知科学 第1巻〉『言語と身体性』（岩波書店、二〇一四年）第一章「言語発達と身体への新たな視点」（今井むつみ 著）、三ページより。なお原典は、Harnad, S.（1990）. The symbol grounding problem. *Physica D*, 42, 335-346, p. 338〕。

あなたは中国語を学ぼうとするが、入手可能な情報源は中国語辞書（中国語を中国語で定義した辞書）しかないとしよう。するとあなたは永遠に意味のない記号列の定義の間をさまよい続け、何かの「意味」には永遠にたどり着くことができないことになる。

記号接地問題は、記号あふれる現代に生きる私たちの情報認知にとっても大きな問題となります。普段、私たちが使用している記号は、すべて自身の感覚によって接地されたものだといえるでしょうか。むしろ、接地しない状態で使用している記号も多いのではないでしょうか。たとえば授業などで、学生が自分でレポートをやらずに、誰かのレポートを借りて発表していたとすると、その内容が接地していないことは、しゃべり方からすぐにわかってしまいます。記号の受け手にとって、接地していない言語記号と接地した言語記号というのは、あたかも、知らない人の名前と知っている人の名前くらい違うものです。新聞で宝くじの当選者が発表されたとして、そこに知らない人の名前を見ても、「ああそうか、すごいなぁ。この人は運がいいなぁ」と思うくらいですが、もし知っている人の名前があったとしたら「うれしいだろうな。あいつはあの性格だからすぐに使ってしまうだろうな」のように具体的なイメージと結びつくことになります。

「自分事」としての記号接地

私たちが記号を使用して生きていくうえで、その記号が接地していないということは、記号と意味の結びつきに主観的な根拠がない、記号が自分にとって何を意味するのか判断できないということになります。言い換えれば、情報（差異を生み出す記号）になりえていないのです。とくに現代社会では、たくさんの記号が生み出され、毎日、一日中それらを見たり、聞いたりしています。インターネットのニュースサイトでは分単位でニュースが更新されていますし、日本国内だけでなく、海外の会ったこともない人の物語や出来事に関するニュースも送られてきます。もちろん、ニュースすべてが自分にとって接地されている必要はありませんし（すべての記号を自分事として考え、その意味を解釈していたら心がもちません）、実際、その大半は自分が生きていくうえで考える必要のない物事です。しかし一方で、記号の意味を接地させることなく素通りさせることにあまりに慣れてしまうと、何を接地すべきで何を無視してよいのか、記号への感受性が麻痺《まひ》してしまいます。もし、何か特別な事件や事故、自分と関係の深い社会の出来事が起きたとしても、それらにきちんと反応することができなくなってしまいます。それはとても危ういことではないでしょうか。

現在のところ、人工知能やロボットは記号接地問題を完全に解決するには至っていません。一方、私たち人間は、記号処理を行う脳と、神経によって脳とつながれた身体をもち、さらに、身体的な体験や感覚的なイメージを体系的に記号と結びつける力をもっています。また、直接的に把握することが難しい対象でも、それと結びつきのある具体的な対象（＝体感可能な対象）に置き換えて接地させることができます。たとえば、「人生」という抽象的な概念を、「旅」という比較的具体的な対象から理解することができます。もちろん「旅」が「人生」のすべての性質を表しているわけではありませんが、自身の旅の経験に照らし合わせながら、ひとつの道のりを自身の足で進めてゆく過程や、他者との出会いの中から新たな道筋を発見してゆく過程を想起し、それを「人生」と重ね合わせながら理解することができます。

このように、私たちは抽象概念であっても何らかの具体的な対象のイメージをもとに理解することができます。これは、抽象概念を記号接地するためのひとつの方法といえるでしょう。次節で紹介する「心臓ピクニック」というワークショップ*は、「生命（いのち）」とは何か？　さらには、「心」とは何か？　「愛」とは何か？　という人間の根源的な問いに対して、辞書的に定義を与えるのではなく、それと関連する何らかの具体的な事象・可感な事象において生じる感覚（たとえば、心臓の鼓動の触感）を参照し、個人個人の体験的理解に基づく記号接地を促す場です。ではさっそく、「心臓ピクニック」について述べていきましょう。

＊参加者自らが自発的に作業をし、何らかの原理や手法を発見、学習する体験型学習の場。

二　心臓ピクニック

記号としての心臓

私たちの日常生活において、自分の「生命（いのち）」について実感する機会はほとんどありません。もちろん、生死に関わる事故に直面したときや、大自然の中といった非日常においては、一時的に実感することがあるかもしれませんが、高度に記号化された現代の日常において、自分や他人の「生命」を感じ、その尊厳について考える時間をもつことは稀《まれ》ではないでしょうか。ワークショップ「心臓ピクニック」は、「生命」を象徴する臓器である心臓に擬似的に触れることで、「生命」の意味を個人個人で記号接地していく場をもつことを狙いとしています。それではまず、ワークショップで中心的な役割を果たす心臓という臓器について、見ていきましょう。

私たちの身体には心臓がひとつあり、その絶え間ない活動によって生命が維持されています。そして心臓は、その生命維持に関する機能や胸の中央部で身体や心の動きに敏感に反応する存在として、さまざまなイメージが宿る象徴的な身体器官でもあります。先史時代から「生命」の象徴とみなされ、心臓を神の家と考える宗教や、人間の心臓を神に捧げる信仰さえも存在しています。現代美術作家クリスチャン・ボルタンスキー（Christian Boltanski、一九四四～二〇二一）は「心臓音のアーカイブ（Les Archives du Cœur）」（二〇〇八年～）というプロジェクトにおいて、世界中の人々の鼓動音を人々の生きた証として収集・展示しています。

また、「生命」だけでなく、心臓は「鋼の心臓」、「ガラスの心臓」、「ノミの心臓」、「心臓に毛が生えている」という言い回しにあるように、人間の「心」の性質を表す語としても使用されています。寓話『オズの魔法使い』では、ブリキでつくられた人形が心を象徴するものとして魔法使いに心臓を求めています。さらに心臓は、「キューピッドが心臓に矢を射ると恋に落ちる」という言い回しや、画家フリーダ・カーロ（Frida Kahlo、一九〇七～一九五四）の「ふたりのフリーダ（The Two Fridas）」（一九三九年）という作品の中で、「愛」の象徴としても使用されています。このように私たちは、「生命」や「心」、「愛」といった人間の生命活動・精神活動における根源的な抽象概念を、心臓という具体的な対象がもたらす機能に重ね合わせながら表現してきました。

ただし、ここでよく考えてみると、私たちは心臓に対する具体的な感覚イメージをもっていないことに気がつきます。何となく、一秒に一、二回、ドキドキと拍動する拳くらいの大きさの臓器という印象はありますが、当然のことながら、ほとんどの人は自分の心臓を直接目にしたことはありませんし、直接触れたこともないでしょう。もちろん、胸に手を当てれば、間接的に心臓の鼓動を触感として感じることはできるでしょう。しかし、三〇〇グラムという質量感や、一日でおよそ九〇〇〇リットルもの血液を身体へ送り出すというエネルギッシュな活動を、胸の上から間接的に触れただけで想像することは困難です。そう考えると、私たちは、心臓に対する身体的な感覚基盤をもつことなしに、心臓が生命や心、愛を象徴することを受け入れています。であるならば、心臓に対するより具体的な感覚イメージをもつ体験を創出することで、いかと考えられます。「生命」「心」「愛」といった概念を、より接地した形で理解することができるのではないかと考えられます。

鼓動に触れるワークショップ

では、ワークショップの具体的な内容について述べていきましょう。ワークショップは八～一六名程度の参加者と、一名の進行役、二、三名のファシリテータ（参加者の体験を促進する役割を担う）によって行われ、図2‐1左のような、聴診器、小型の振動スピーカ（「心臓ボックス」と呼びます）、制御回路からなる装置を使用します。参加者は、図2‐1右のように、片手に聴診器、もう片手に心臓ボックスを持ちます。聴診器の胸に当てる部分には小型マイクが仕込まれており、参加者が聴診器を自身の胸に当てると、そこから鼓動音（心音）が計測され、計測された鼓動音が心臓ボックスから振動として出力されます。そうすることで、参加者は自身の鼓動を手の上の振動として感じることが可能になります。

また、ワークショップは野外で行われることが多いため、制御回路やバッテリーは、ランチバッグ型の袋へ入れられます。参加者は、走ったり、運動をして鼓動が強く速くなるという変化や、逆に寝転がると鼓動が落ち着いていくという変化を直接手で触れて感じることができます。さらに、心臓ボックスをほかの参加者と交換することで、

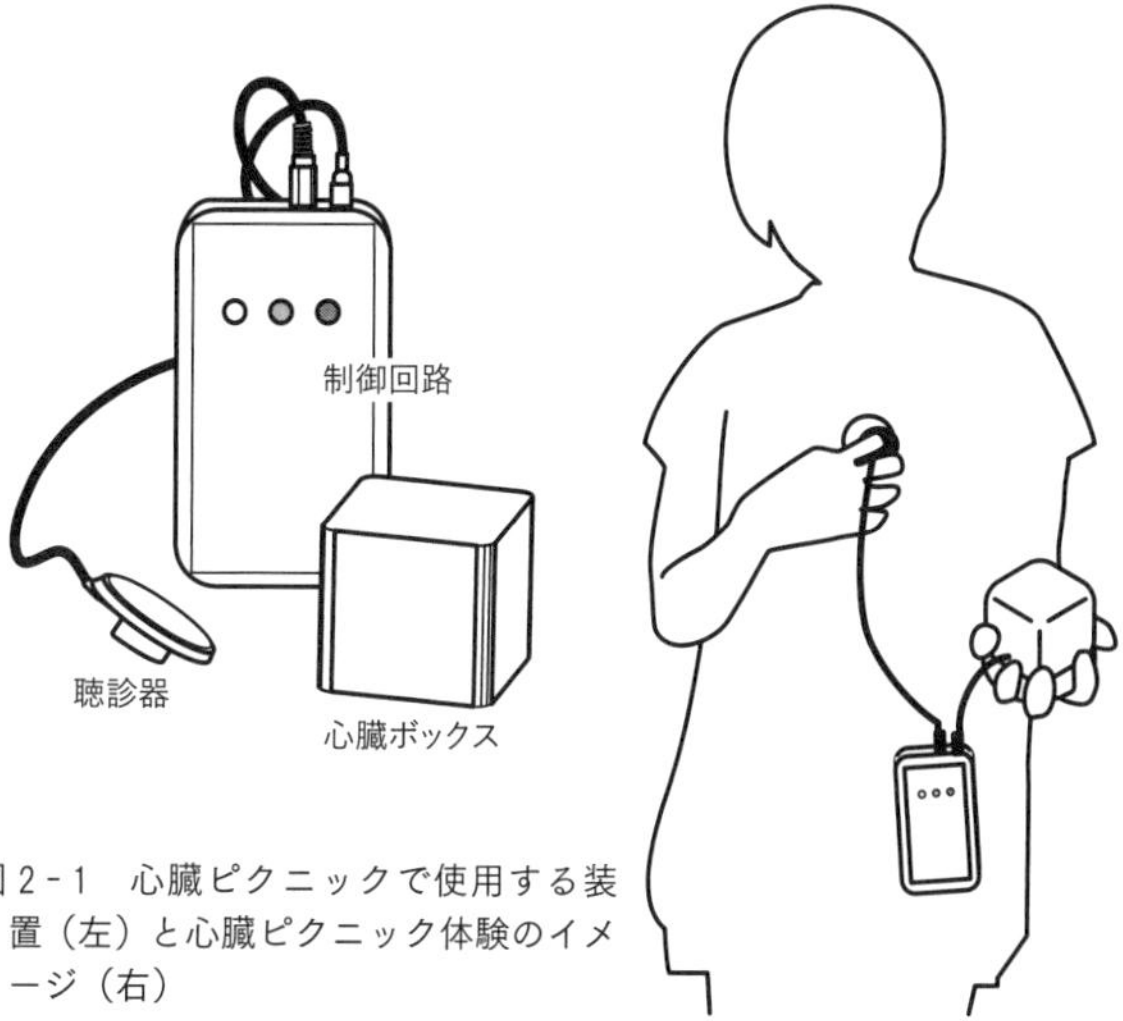

図２-１　心臓ピクニックで使用する装置（左）と心臓ピクニック体験のイメージ（右）

自分と他人の鼓動の違いを感じることもできます。このように、「心臓ピクニック」では、心臓に対して私たち人間の「生命」としての側面を感じ、そのかけがえのなさについて多くの人とともに考えるきっかけを提供します。

「生命」を感じなおすワークショップ「心臓ピクニック」は、ドイツ在住のダンサー／コレオグラファー（振付師）の川口ゆい氏、慶應義塾大学の坂倉杏介氏、大阪大学の安藤英由樹氏、私の四名が中心となって行っています。このワークショップの中心である、鼓動を触感に変換して感じるという体験は、川口氏が二〇一〇年春に制作した体験型インスタレーション作品において、振動スピーカから鼓動音を出して、横たわった体験者に胸の上で触れてもらうという演出がはじまりでした。また、安藤氏と私はちょうどその年の夏、21_21 DESIGN SIGHT 企画展 佐藤雅彦ディレクション「〝これも自分と認めざるをえない〟展」（二〇一〇年七月一六日～一一月三日、東京都港区）に、鼓動を計測して映像とともに提示する作品（本節72ページ参照）を通して参加していました。そして、以前から川口氏、私と一緒にプロジェクトを行っていた、コミュニケーションデザインを専門にしている坂倉氏とともに、ワークショップを設計しました。第一回のワークショップは、二〇一〇年秋、「〝これも自分と認めざるをえない〟展」の関連イベントとして行われました。「心臓ピクニック」のワークショップは、その後、二〇一一年九月アルス・エレクトロニカ（オーストリア・リンツ市）や二〇一一年一一月大阪大学総合学術博物館、二〇一三年九月おおがきビエンナーレ（岐阜県大垣市）、二〇一四年「スマート光ハートビートプロジェクト（Supported by ＮＴＴ西日本）」をはじめとする、国内外の展覧会や芸術祭、イベントで、形式を変化させながら行ってきました。

ワークショップの手順（アルゴリズム）

これまで「心臓ピクニック」は、ワークショップごとに進行役を交代しながら行ってきましたが、大まかな進行は表2-1のように手順化されています。ワークショップの準備から終了までの流れを、それぞれの手順の意図まで含めて紹介します。

まず準備として、四名が座れる机と椅子を何組か用意します。机の上には、バッグに入った心臓ピクニックセットを置きます。図2-2のように、バッグを置くランチョンマットも用意します（絵柄は、バッグとお揃いです）。机ひとつに四名ずつ座り、四名でひとつのグループとします。これ以上人数が少ないと触れる鼓動のバリエーションが少なくなってしまいますし、これ以上人数が多いと自分の鼓動を味わう手順が煩雑になってしまいます。これまで、一人で参加される方、男女ペアで参加される方、子ども連れの家族で参加される方といった、さまざまな方が集まり、心臓を交換する体験をしました。

表2-1　ワークショップのシナリオ構成

時間	セクション	内容
0：00	イントロダクション	アイスブレイク
5：00	一人心臓鑑賞タイム	自身の鼓動を感じる
8：00	二人心臓交換タイム	他者の鼓動を感じる
15：00	ピクニックタイム	鼓動の変化を感じる
30：00	心臓吹き込みタイム	心臓を外在化する
40：00	エンディング	体験を振り返る
45：00	終了	

ワークショップは進行役の簡単な挨拶、アイスブレイク（場を和ませる）ではじまるとともに、参加者は、目の前にある自分の心臓ピクニックセットを手にし、動作を確認します。まず、電源を入れて、胸に聴診器を当てます。そうすると、自身の鼓動に合わせて心臓ボックス

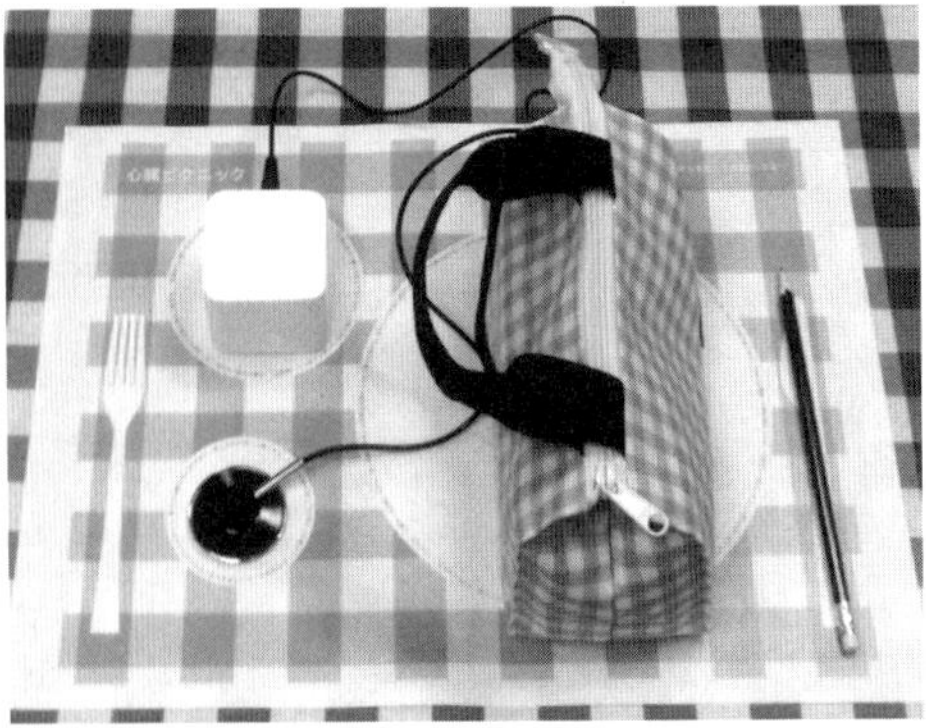

図2-2　心臓ピクニックセット

が拍動しはじめるのですが、その瞬間は参加者のみなさんとても驚かれます。

最初に、「一人心臓鑑賞タイム」（図2-3①）として、参加者それぞれが自身の鼓動をゆっくりと感じる時間をもちます。自分で聴診器を当てると、それに合わせて心臓ボックスが拍動しはじめるという行為の因果関係を何度も体験することで、心臓ボックスの拍動が自分の鼓動と関係の深いものであることを実感します。一人で心臓を鑑賞する時間は、参加者全員で一分間とりました。一分間ゆっくりと何かの触感を感じるという体験は、普段なかなかないため、眼を閉じて感じられる方も多いようです。

続いては、隣の人と心臓ボックスを交換し、互いの鼓動の違いを感じたり、鼓動を感じながら自己紹介をしたりする「二人心臓交換タ

図2-3　心臓ボックス使用バリエーション（ワークショップの手順説明資料で使用した画像）

図2-4　お互いの心臓に聴診器を当てる

図2-5　ピクニックの様子

イム」（図2-3②）の時間をとります。自分の心臓と隣の人の心臓は思ったよりも違うことに驚いたり、拍動が不安定な方がいらっしゃったり、その多様性を認識する時間です。お互い面識のない人どうしでも、名前を交換する前に心臓を交換するという不思議な体験となります。これは自分を記号（名前）と感覚（鼓動）の両方を伝える時間ともいえます。他者と心臓ボックスを交換しながら話していると、鼓動に変化が生じることもあります。また、基本的には、心臓ボックスを交換するのですが、赤ちゃん連れの方などは、聴診器を赤ちゃんの胸に当てるなど、親密な人の胸に聴診器を当てて感じることもできます（図2-3③④、図2-4）。

次に「ピクニックタイム」では、心臓ピクニックセットを手にもち、野外を歩きまわります。走ったり、縄跳びをしたり、風船を膨らませたりなど、運動をすることで鼓動は急速に強く速くなります（図2-3⑤）。怖い絵本やホラー映画のような映像によっても鼓動は変化するでしょう（図2-3⑥）。この時間は、自身の鼓動のダイナミックな変化を、触覚を通じて感じ、共有する時間です（図2-5）。

その次は、自分の鼓動を記録・再生し、聴診器を外して、心臓ボックスを両手や頭部などさまざまな部位に置いて鼓動を感じる「心臓吹き込みタイム」（図2-3⑦）です。心臓ピクニックセットは、鼓動がリアルタイムで心臓ボックスに送られるモード以外に、鼓動を一〇秒間記録するモードと記録したものを再生するモードがあり、制御回路のボタンを押してモードの変更をすることができます。このときは、聴診器を胸に当てなくても鼓動が感じられるため、両手や頭部といったさまざまな部位で鼓動に触れ（図2-3⑧）、多人数で心臓ボックスを交換することができます（図2-6）。

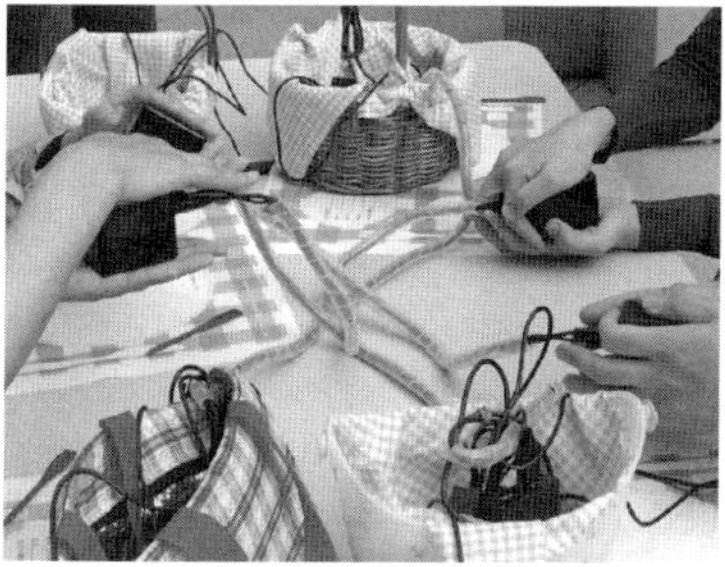
図2-6　多人数で心臓ボックスを交換する（ここでは黒い心臓ボックスを使用）

また、心臓ボックスをたくさん集めて机の上に置いて共鳴させたり（図２－３⑨）、再生されている心臓ボックスに対して、お互いにコメントをつけたりする時間も持ちました（図２－７）。

ワークショップのエンディングでは、もう一度自分の鼓動をゆっくり感じたあと、参加者全員で心臓ボックスの電源を抜き、ワークショップでの体験をグループで振り返りました。このワークショップは、自分の鼓動に触れる体験、他人の鼓動に触れる体験、運動などによる自身の鼓動の変化の体験、外在化した心臓の体験という四段階の構成によって、参加者がそれぞれの仕方で鼓動に触れ、そこから「生命」に関して

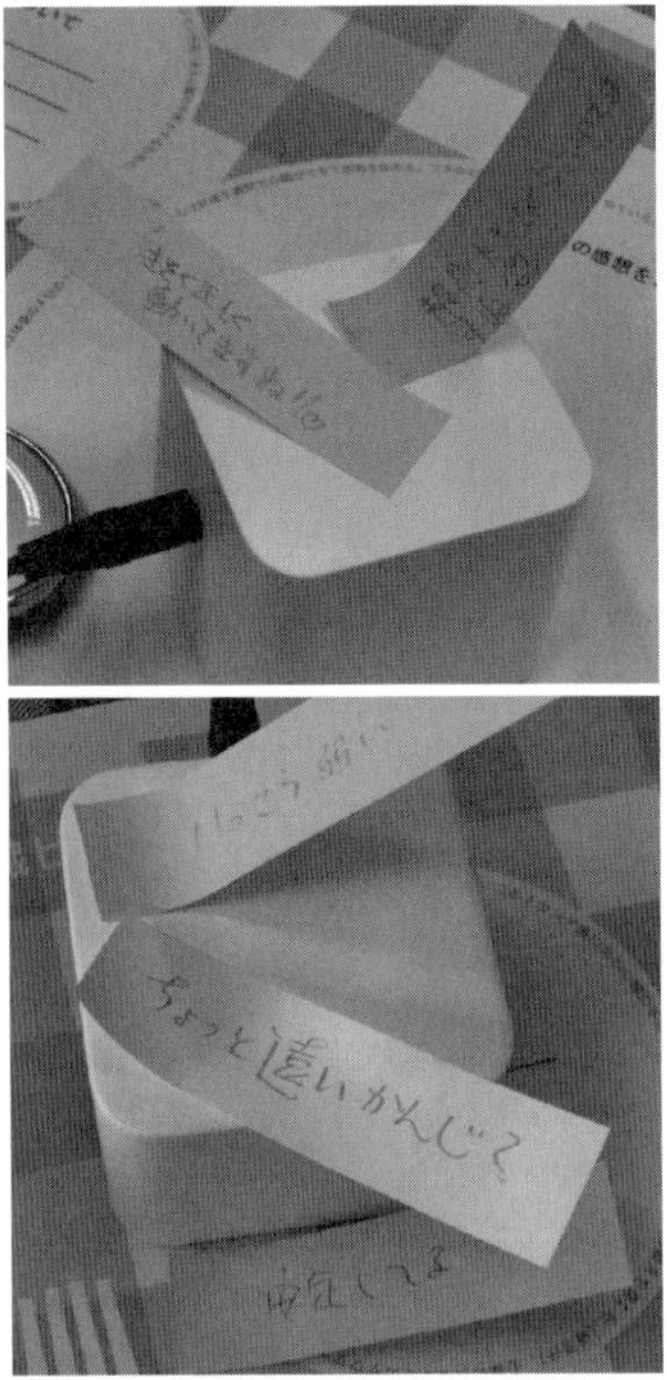

図２－７　心臓ボックスにつけられたコメントの例

思いを馳せる時間をもちました。

鼓動に触れる体験で感じること

「心臓ピクニック」のワークショップでは、理科の授業のように心臓のメカニズム自体を説明したり、道徳の授業のように命の大切さを明示的に示したりすることなくワークショップを構成しています。しかし、ワークショップ参加者の感想からは、鼓動に触れるという体験を通じて、自分や他人の生命に対して意識を向け、自身の身体に対する愛しさや他者へのやさしさを感じている様子が伺えます。以下、ワークショップ後のアンケートから得られた参加者の感想をいくつのカテゴリに分けて紹介します。

カテゴリ1：自分の心臓ボックスに対して〝愛しい〟と感じたり、心臓ボックスに触れることが〝生きている感覚〟へつながるというコメント

- 心臓に手で触れることができて、なんともいえない愛しい感じでした。がんばって動いてくれる自分ではない自分に触った感じです。いちばん身近な他人にはじめて会いました。（年齢未記入女性）
- リアルでした。でも生きている心臓を生きている限り取り出すことはできないか

ら、リアルかどうかもわかりませんが、これが自分なんだ、生きていることなんだと感じられました。（中略）不思議なのはいつまでも聞いていて飽きないこと。（年齢未記入女性）

カテゴリ2：鼓動が変化することは知識として理解しているが、それを触覚によって改めて実感したというコメント

・動いたり、しゃべったり、いろんなことをするとき、心臓も共にがんばっていることがわかりました。（二〇代女性）
・運動するとドクドク、寝ながら空を見ると自然とトクントクンに戻りました。ほかの人とは全然違っていました。なんだか離し難い分身のように感じました。（二〇代女性）

カテゴリ3：自分と他人の鼓動の違いに言及するコメント

・人によって動きが違っておもしろかったです。でもやっぱり自分の心臓が一番落ち着きました。（二〇代女性）
・いろんな人の心臓を触ってから自分のをもったら、自分の心臓だ！　とわかった。自分らしさみたいなものがあるんでしょうか？（二〇代女性）

カテゴリ4：名も知らぬ他人と心臓ボックスを交換することに関するコメント

- 初対面の人とも、心臓をもっているせいか、打ち解けるのが早かった。（二〇代女性）
- 自分の心臓を外に出して、その鼓動を感じながら知らない人とお話していると、逆にとても冷静になれる気がしました。自分じゃないというか、自分のことを一歩ひいて見ることができる不思議な体験でした。（三〇代女性）
- 相手の心臓を最初にもったとき、なんだかやさしい気持ちになった。こういったワークショップを子ども（小・中・高）や大人に対してやっていったら、凶悪な殺人事件とかなくなるんじゃないかと思った。（年齢未記入男性）

カテゴリ5：ワークショップの最後に参加者全員で心臓ボックスの電源コードを同時に引き抜いたことに関するコメント

- ただの四角の小さな箱なのにドキドキしているときは暖かく本当に生きているみたい。コードを抜くと冷たくさえ感じました。電源を切るのが切ないです。（三〇代女性）
- 電源コードを抜いたとき、心臓ボックスが一気にハードウェア化するのを感じてびっくりした。（二〇代女性）

カテゴリ6：自分や他人の生命を意識したコメント

- これからは、ちょっぴり心臓を大切にしていきます。（二〇代女性）
- 次、こんな風に自分の心臓以外の拍動を感じるのは、赤ちゃんを授かったときかなあー、なんて幸せな気分にもなりました。（二〇代女性）

これらのコメントは、自分の鼓動を触覚として感じる体験や、その中での他者との関わり合いを通じて、「生命」や「心」、「愛」を記号的に理解するだけでなく、「生命」に対する実感（体験的な理解）、さらには他者の「心」への気づき、「愛しみ《いつく》」が引き出されていたことを示唆しているといえるでしょう。

心音を通じて誰かに移入する

最後に、自身の鼓動を通じて他者に心を寄せる別の試みを紹介しましょう。それは、「心臓ピクニック」がはじめて行われた「〝これも自分と認めざるをえない〟展」において展示された「心音移入」という作品です。この作品は、アルゴリズム研究者・東京藝術大学教授の佐藤雅彦氏と、心臓ピクニックを共同で行った安藤英由樹氏、および私の三名によって制作された体験型の作品です。本作品の体験者は、図2－8左上のように、椅子に座り、ヘッドフォンを装着します。心臓ピクニックで使用されてい

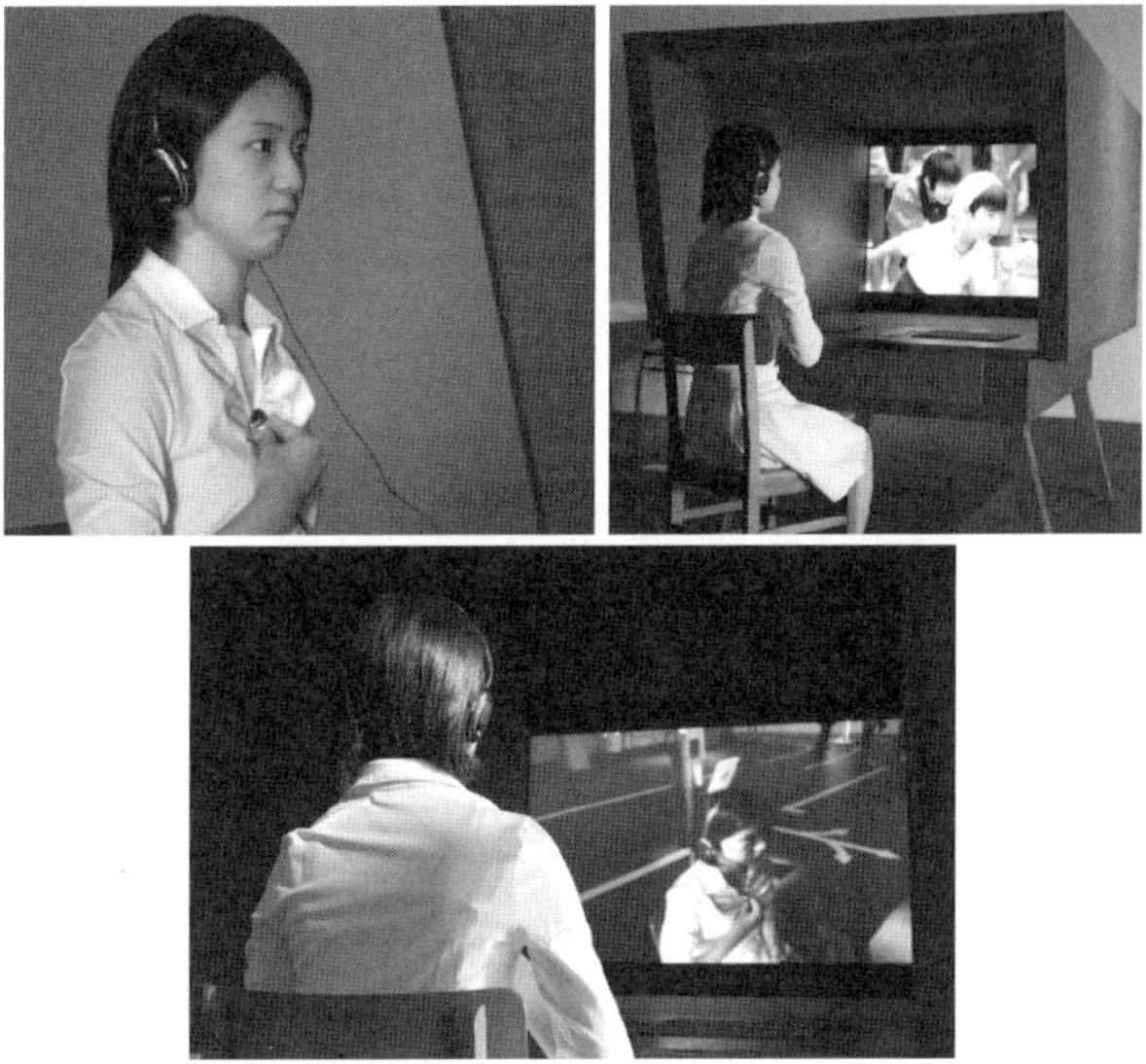

図2-8　「心音移入」体験の様子

るようなマイク内臓の聴診器を自分の胸に当てると、自身の心音がヘッドフォンを通じて流れてきます。このとき、体験者の目の前およそ一・八メートル先には大画面のディスプレイが設置されていて、そこから映像が流されます。映像の長さはおよそ四分ですが、体験開始時には映像は何も映されず黒い画面が表示されていて、自身の心音を確認するような時間帯が設定されています。その後、心音が流れるとともに、緊張している人の映像が再生されます。たとえば、運動会の徒競走スタート直前の小さな子どもの映像（図２‐８右上）や、戦場に赴く兵士の映像、剣道の試合直前の場面といった映像が流され、それに合わせて、聞こえる心音の音量が調整されます。基本的には、緊張感の高い場面では音量が大きくなり、そうでない場面では音量が小さくなるように調整されています。そうすることで、体験者が自身の心音を聞きながら映像を見ているうちに、心音が自分自身のものなのか、それとも映像の中の緊張している人のものなのか、だんだん区別がつかなくなり、映像の中の人の緊張が伝わっているような感覚になることを意図しました。

　私たち人間は、心音をはじめ、身体から発せられる音を聞くと、自身の身体反応を媒介に、音を発した側の感情や意図を半自動的に推定してしまいます。たとえば、早足の足音が聞こえたら、その人は何か焦っているのだろうかと想像し、早い鼓動音が聞こえたら、その心臓の主は緊張しているのだろうかと想像してしまいます。「心音移入」の場合、誰もが常に発している心音を利用していますが、心音は自分のものか他人のものかほとんど区別ができず、逆にそれが、他者の心の動きを認識しているような感覚を強く引き起こすきっかけになっていると考えられます。これは、心音を通じて目の前の映像（ある種の記号）に対して、移入する（それを自分事として感じる）体験だといえます。そして、映像の最後では、図２‐８下のように、ビデオカメラによってリアルタイムに撮影された体験者自身の映像が流されます。

「心音移入」は、直接触覚に訴えかける作品ではありませんが、自身の心音の認識、心音を介した他者への移入、さらには、他者性をもった自己認識という過程は、心臓ピクニックで意図した、触覚的に媒介された生命の記号接地の過程と方向性を同じくするものであるといえるでしょう。

三　触覚の実在性と象徴性

生命活動の外在化

ここでは、「心臓ピクニック」のワークショップにおいて、「生命」に対する体験的な理解がどのように生じるのかを考察していきます。これまで行われてきた、「生命」をテーマとした体験型ワークショップの多くは、都市から離れ、豊かな自然そのものの中に入ることで、生々しい（グロテスクでもあるともいえますが）生や死と直に接するものでした。一方、心臓ピクニックは、直接的に生や死を扱っているわけではありませんが、自身の心臓を心臓ボックスを通じて擬似的に手で触れられるようにし、物質的な存在の実感（実在性《マテリアリティ》）をもたらすとともに、それが自身の鼓動に合わせて拍動することで生命を指し示すもの（象徴性《シンボリズム》）としても機能しています。そうすることで、「生命」を間接的に体験し、理解することを可能にしています。つまり、「生命」

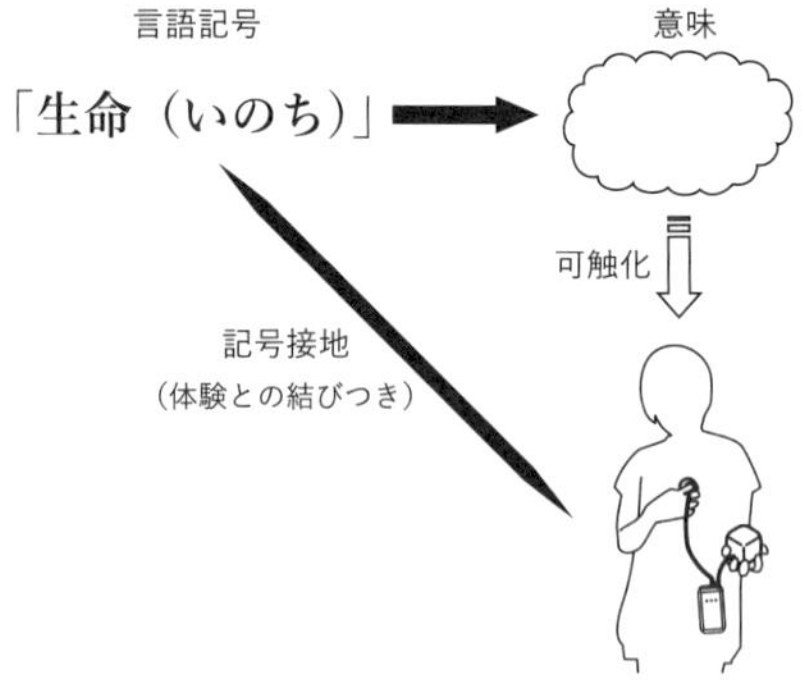

図２-９　心臓ピクニックにおける記号接地のイメージ

を記号的にのみ理解する、もしくは、生命を物理的な直接性を通してのみ体験しようとするのではなく、「生命」を象徴するものを擬似的に可触化することで、そこに「生命」の記号接地を促したのです（図2-9）。

「一人心臓鑑賞タイム」では、心臓の活動を、波形として見えるようにしたり、音として聞こえるようにしたりするのではなく、触れられる対象として提示しました。手のひらの上の「心臓ボックス」の重みやその振動は、生命が「今、ここ」にあるという存在の感覚を強調します。もちろん、自分の身体には心臓が存在し、それが拍動することは誰でも知っているわけですが、それを手の上に外在化されたモノとして感じることは、直接的な驚きを与えます。このときの驚きは、知っていること（記号的理解）と、感じられる存在として理解すること（体験的理解）が異なるということを、端的に表しているのではないでしょうか。

そして、「心臓吹き込みタイム」では、心臓ボックスが自身の心臓の動きから切り離されることになります。手の上で自律的に拍動する心臓ボックスは、自分から生み出されたものでありながら、自分では制御することのできない他者性をもった存在になります。これは、自分の身体の一部でありながら自分の意志とは関係なく動き続ける心臓を外在化し、もう一度、他者性をもって理解する機会といえます。自分をビデオで記録して他者の視点から見ること、自分の声をボイスレコーダーで記録して聞くこと、どちらの体験も自分を他者の立場から観察することですが、同様に、心臓ピクニックは、自分の生命活動を他者の立場から理解するものといえます。

無機質な箱になぜ生命を感じるのか

心臓ボックスは、心臓の形をしているわけではありません。また心臓の絵が貼ってあったり、「心臓」と書いてあるわけでもありません。各辺六センチメートル程度の立方体の箱です。私たちはワークショップを行うにあたり、心臓ボックスの見た目を心臓に似せることもできましたが、あえて箱の形にしてきました。もし、見た目を心臓に似せたとすると、参加者はおそらく、心臓ボックスが周期的に振動することによって示される抽象的な「生命（いのち）」という概念よりも、物質としての心臓、心臓ボックスの物理的な側面に注目してしまうのではないでしょうか。むしろ、心臓ボックスが、心臓であることを明示しないことによって、それが何か別のものを指し示す余地となっていると考えられます。心臓ボックスは、振動していない状態では、生命とは関係のない無機質な箱、つまりは物質として存在しています。しかし、そうであるからこそ、鼓動と同期して振動しはじめたときに、その有機的な動きや振動に生命的な印象を感じることができるのではないでしょうか。

また、「二人心臓交換タイム」では、他人の心臓ボックスにも触れます。心臓ボックスを交換することは、普段、名前や名刺を交換することと何が違うのでしょうか。名前や名刺は記号であるため、その指し示すもの（その人自体）を離れて交換されることにあまり抵抗はないかもしれません。しかし、本ワークショップのように、自身の身体から外在化され、自分の生命との結びつきを保ったものを交換することは、何か大事なものを渡してしまったような感覚が生まれます。交換した心臓ボックスを叩かれたり、落とされたときになぜか嫌な気分になったり、ワークショップの最後、心臓ボックスの電気を切るときに、何ともいえない喪失感を感じるのは、心臓ボックスがその人を指し示す記号だからというだけではなく、触れることから生じるその人の存在との体験的な結びつきがあるからではないでしょうか。おそらく、聴診器からヘッドフォンを通して鼓動音を聞いただけでは、ヘッドフォンに対してそのような喪失感を感じることはないでしょう。

このように、心臓ピクニックでは、自分の心臓を外在化することで、「生命（いのち）」を他者性をもって理解し、さらにそれを他者とやりとりする中で、それと同様のものが他者にも存在することを体験的に理解します。これは、他者を記号的に理解しようとするのではなく、自己と他者が同じ身体をもっていることを原理として、その結びつきの中から共感的に他者を理解しようとすることへつながります。たとえば家族など、自分の一番身近な人と一緒に体験することは、あらためて家族関係を考え直し、お互いの生命の尊厳を確かめ合うことになりますし、さらに、同世代の同じような価値観の人たちだけでなく、子どもからお年寄りまで、多様な年齢、価値観の人が集まることで、さまざまな人に対しても、生命の結びつきを感じることになるでしょう。

以上、心臓ピクニックについてまとめると、心臓は、その人それぞれにとってかけがえのないものですが、誰もがもっているものでもあります。「心臓ピクニック」は、普段は意識することのない心臓が、「今、ここ」に確かに存在することを（自分がひとつの生命であることを）触覚的に確かめるとともに、同様のものがほかの参加者にも存在することを（他者もまた生命であることを）、体験的に理解するワークショップです。つまり、自分の心臓を外在化することを通じて感じた生命性に基づき、その理解を他者にも広げて他者の生命性を理解する過程なのです。

＊「心臓ピクニック」の最新情報はＱＲコードから参照できます。
ＵＲＬ：https://socialwellbeing.ilab.ntt.co.jp/tool_connect_heartbeatpicnic.html

第3章

◉

触れて現れる情報、触れて残る情報

第2章では、私たちが触覚を通じて、情報を体験的に理解していく過程について述べました。本章では、誰かから誰かに情報を伝える、情報伝達やコミュニケーションと触覚の関係、具体的には声や文字による言語情報伝達における触覚行動（なぞり動作）の利用について考えていきます。はじめに、記号やメディアからメッセージがどのように伝えられるかについて概説し、次いで、触れたところから文字が現れては消える、なぞり動作によって文字を読む新しい読文の方式を紹介します。おわりに、その方式が情報伝達においてどのような意義をもたらすのか、記号・メディアという視点から考察します。

一　メディアのメッセージ

情報伝達における内容と方法

私たちの情報伝達やコミュニケーションのあり方は、その記号〔「内容（何を）」〕とメディア〔「方法（どのように）」〕のふたつの側面から考えることができます。情報を伝達する、もしくは記録するためには、空気の振動という声であったり、紙の上の濃淡の形である文字であったり、一度、記号を物質（メディア）のパターンとして実在化する必要があります。第1章で紹介したマーシャル・マクルーハンの「メディアは

表3-1　情報伝達における記号と媒体（メディア）のメッセージの違い

記号	内容	→	辞書的意味（メッセージ）
媒体（メディア）	方法	→	感覚イメージ（メディアメッセージ）

メッセージ」あるいは「メディアはマッサージ」という言葉にあるように、発話の抑揚や調子、どんな媒体（メディア）の上に文字があるのかといったことを通じて、メディアは何らかのメッセージ（「メディアメッセージ」）を伝達します。そして、何をいっているのか、もしくは何が書いてあるのかという記号のメッセージと、メディアメッセージを合わせて考えることで、伝達者の意図（「メタメッセージ」）が伝えられることになります（表3-1）。

たとえば極端な例ですが、「あなたが嫌い」という発言があったときに、その内容（メッセージ）自体はネガティブなものであったとしても、発言がどのような表情や抑揚で（メディアメッセージをともなって）行われたのかによって、そのメタメッセージは大きく変化します。もし、この発言が本当に嫌そうな表情をともなって行われたとしたら、メッセージとメディアメッセージから受けるイメージは一致しており、内容のとおり「あなたが嫌い」がメタメッセージとなるでしょう。一方、照れ笑いをしながら（ポジティブなメディアメッセージをともなって）その発言が行われたとしたら、「あなたが嫌い」はもしかしたら、逆に「あなたが好き」というメタメッセージを伝えるかもしれません。

日常会話においては、メッセージとメタメッセージが一致しない情報伝達やコミュニケーションも数多く存在し、メッセージが理解できたとしても、そのメタメッセージまで含めて理解できないと、いわゆる「空気が読めない」ということになります。とくに男女の関係においては、メッセージとメタメッセージが逆の意味をもつことすらよくあるでしょう。また、日常のコミュニケーションではあまりないかもしれませんが、メッセージの内容が不明の場合――たとえば、相手が外国語をしゃべっていてその内容を理解できない場合――も、それがどのように語られたか（笑顔か怒り顔か、穏やかな口調か緊張した口調か）、つまり、どのようなメディアメッセージをともなって伝えられたかによって、それを手掛かりにメタメッセージを推測することができます。このように、情報伝達やコミュニケーションにおいて、メディアメッセージは、メッセージに解釈の枠組みを与え、メタメッセージの理解を助ける役割を担います。

声と文字

現代社会において、情報伝達やコミュニケーションのほとんどは、声もしくは文字によって行われます。一般に、声はその音が届く範囲にしか情報を届けることができませんが、逆に、声の抑揚やリズムによって豊かなメディアメッセージを伝えたり、「今、ここ」にいるという強い実在感をもたらします。

また、声によって情報を伝える口承の文化において、その抑揚やリズムは記憶の助けともなります。たとえば、古代ギリシャの長大な叙事詩「イーリアス」や「オデュッセイア」では、厳格な韻律に基づいて決まり文句が構成され、吟遊詩人はその旋律に合わせて物語を記憶していました。そして、叙事詩の記憶や伝承においては、その本来の筋を損なわない限り、物語中の語句は韻律が同じほかの語句と入れ替えることができたということです。よく考えると、つい最近まで声は記録することができませんでした。そうすると、口承の物語を伝承するにしても、正解を記録することが不可能であり、韻律という形式に沿って、その中身が無意識的に、ときには意識的に入れ替えられて伝承されてきました。このように、声はその抑揚やリズムといった時間的な要素がメッセージの枠組みとなっていると考えられます。

一方、文字は個人を離れて記録媒体（メディア）が移動可能な場所ならばどこまでも情報を伝えることができます。古代より粘土板や木の皮、紙など、さまざまな物体に文字を記録することで、「今、ここ」にいない、遠くの人や未来の人に情報が伝えられてきました。音声が「今、ここ」の個人から個人へ情報を伝えるものであるとすると、文字は「いつか、どこか」の誰かへ情報を伝えるものであるといえるでしょう。

文字のはじまりは経済活動や行政活動の記録という説があります。それに沿って考えると、人間の話す声（聴覚情報）によって伝えられていた情報が記録され、空間（視覚情報）に再構成されたものが文字であり、文章ということになります。書かれた文字は声から切り離され、紙というメディアの上に隔離、固定されるため、何度でもそこに立ち戻り、それを記憶、確認し、思考を組み立てなおすことができます。

また、文字による記録・伝達においては、書かれる文字のあり方とともに文字の空間的な配置もメディアメッセージを構成します。たとえば、改行の位置を変えたり文字の間に空白を入れたりしても、書かれている語の記号的な意味は変わりません。しかし、空間的な構成が異なれば、息継ぎや目の動きといった読む側の身体的なリズムが変容するだけでなく、読み手はその配置自体から何らかのメッセージを受け取ることになります。これまでに、文字配列の空間性を表現に取り入れた「具体詩（視覚詩とも呼ばれます）」というジャンルも存在しています。

放つ声、掻く文字

ここまで述べた声と文字の違いを、書家 石川九楊《きゅうよう》氏（一九四五〜）は、著書『筆蝕の構造―書くことの現象学』の中で非常にわかりやすく説明しています。氏は、声で話すことを「放つ」、文字で書くこと「掻《か》く」と表現しています。声は話し手の身体から音として放射され、現れ、空気の中に消えて行きます。空気の振動の時間変化として存在するメッセージは、現れては消えてしまう「放たれたもの」であるということです。一方で、文字はどのような時間順序で書かれたのか、その時間性は失われるものの、文字自体は物質化されて残る「搔かれたもの」であるとしています。そして、文字においては、搔くものと搔かれるものの間に生じる摩擦（氏の言葉でいうところの「蝕」、そこに残るという意味で「触」ではなく「蝕《ムシバム》」が使用されています）、および蝕の結果としてメディアに生じる痕跡、つまりは、手の動かし方、力の入れ方などの触覚的な働きかけによって現れる視覚的な「跡」、そのふたつが大きな特徴であると述べています。

　これまでの手書き文字のコミュニケーションにおいては、文字の書き方を変えることで、そこに何らかのメディアメッセージを込めることが可能でした。そして、文字の形そのものがその人の個性を表すものでもありました。しかし、近年使用されるようになった電子メールでは、誰が書いてもほとんど同じ文字が使用され、文字の違いにその人固有のメディアメッセージを込めることが困難になりました。もちろん、顔文字（(T_T)など）や装飾記号によって、付加的なメッセージを加える試みもありますが、音声における声の抑揚のような豊かさはありません。

　文字の情報伝達において、使用するメディアが、紙への手書きから画一化されたコンピュータに変化したことは、「蝕」と「跡」のどちらの点からも大きな変化でした。

コンピュータでは、どんな文字を入力するにしても同じ蝕を感じ、画一的な痕跡が残ることになります。それは、多くのコンピュータメディアが、文字の伝達において、紙上の文章の形式をそのままコンピュータディスプレイ上に再現することを想定しているためであると考えられます。では、コンピュータメディアだからこそ可能な、文字の情報伝達のあり方は考えられないものでしょうか。

紙とコンピュータディスプレイの一番大きな違いは、文字表示の時間特性であるといえます。紙に書かれた文字は、時間が経ってもその内容が変化することはありませんが、コンピュータディスプレイでは、書いた文字をいつでも消したり現れたりさせることができます。さらに、タブレット型コンピュータやスマートフォンといった、タッチレスポンス機能を備えたデバイスを使えば、画面に触れるなど、読者の触覚的な働きかけに対してリアルタイムに文字を表示したり、文章内容を変更することができます。

そこで次節では、このようなコンピュータの特性を利用した文字情報の伝達のあり方について述べたいと思います。具体的には、読者の働きかけ（なぞり動作）に応じて、そこに表示される文字の濃淡を動的に変化させることで、文字表示に時間的特性を加えた文章表示方式「Yu bi Yomu」について紹介します。

二　Yu bi Yomu

ダイナミックテキスト

「Yu bi Yomu」とは、タッチレスポンス機能を備えたタブレット型コンピュータ上で実現されている、読者のなぞり動作を利用した文章表示方式の名称です。二〇一〇年にＮＴＴコミュニケーション科学基礎研究所の丸谷和史氏と開発し、その後、大阪大学の安藤英由樹氏、函館短期大学の植月美希氏と新たな機能の追加や効果の検証実験を行ってきました。二〇一四年現在はｉＰａｄ上で動作するソフトウェア（iOS Application）として実装されています（図３－１）。

図３－１　Yu bi Yomu の操作画面

この方式では、読者が画面を操作していない状態では、文字がごく薄く表示されています（図３－２左）。読者は、そこに何が書かれているかはわかりませんが、どこに文字が存在するかは知ることができます。

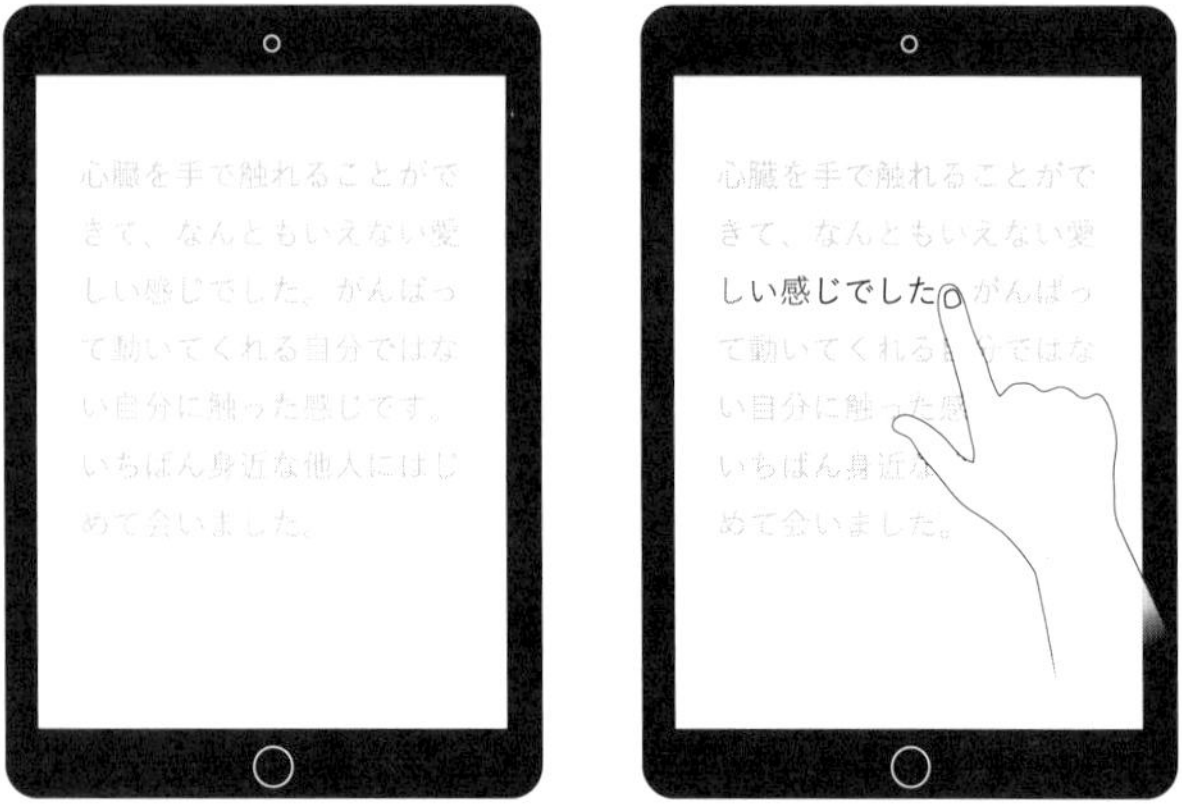

図3-2　Yu bi Yomu の文章表示原理

読者がディスプレイ上の文字をなぞると、その部分の文字が徐々に濃く表示され、濃く表示された文字は、一定時間最大の濃さが保持されたあとに、徐々にもとの薄い表示に戻ります（図3-2右）。つまり、読者がディスプレイに触れ、なぞることで、そのなぞられた位置にある文字が逐次的に現れては消えていくということになります。

この表示方式の特徴として、まず、読者のなぞり速度に合わせて文章の表示速度が変化することがあげられます。なぞり動作に抑揚をつけることで、文章表示に抑揚を加えることができます。さらに、それぞれの文字の現れ方・消え方を変化させ、同じ文章でも異なる印象の文章を生み出だすことができます。たとえば、図3-3上のように、文字が急にパッと現れてパッと消え

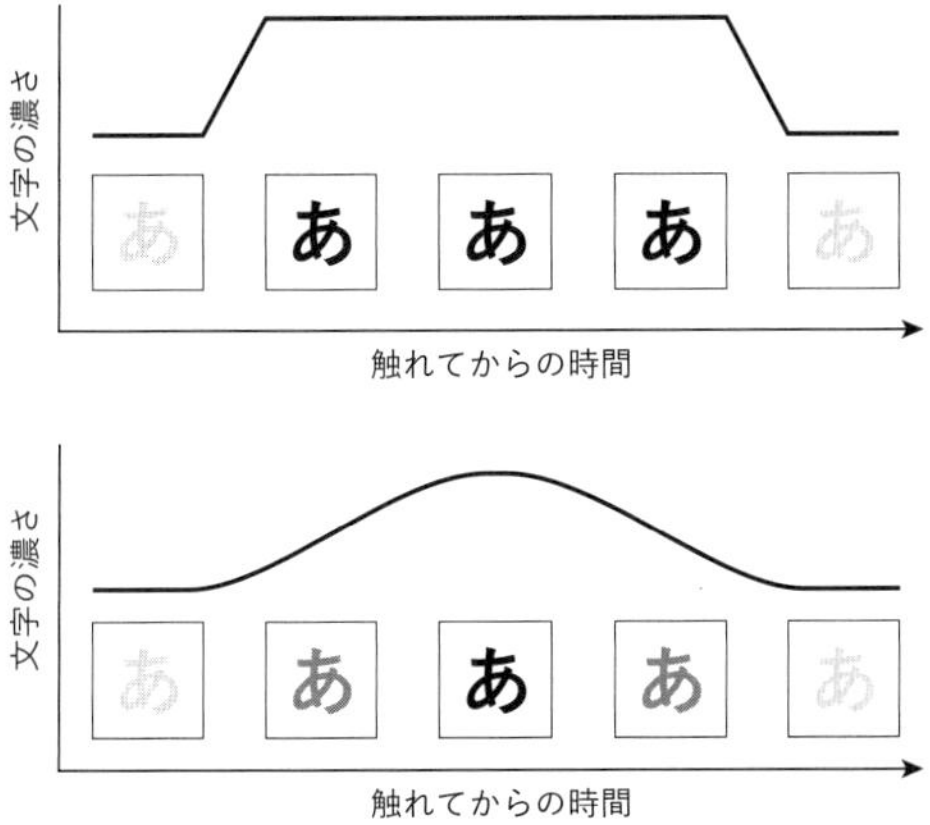

図3-3　時間パラメータによる文字の現れ方の変化
上：硬く冷たい印象、下：柔らかく暖かい印象。

ると、すっきりとした印象を受けますが、それが文章の内容自体にも硬く冷たい印象を与えます。一方、図3-3下のように、文字がゆっくり現れて、ゆっくり消えると、ふわっとした印象を受けるだけでなく、それが文章内容にも柔らかく暖かい印象を与えます。文字がどのように現れ消えるか、つまりメディアメッセージを変化させることで、文章の意味（メッセージ）を含めた文章全体の印象（メタメッセージ）を変化させることができます。以下、本書では、このような、文字が逐次的に現れ、消える文章表示の方式を「動的な文章」という意味で、「ダイナミックテキスト（Dynamic Text）」と呼びます。

なぞり読みの特徴

Yu bi Yomu は、紙の上の文字をコンピュータ画面上に再現するのではなく、文字の現れ方に時間的要素を加えることで、文字によるメディアメッセージの伝達に新たな次元（声がもつようなリズムや抑揚）を加える、新しい文章表示方式です。この文章表示方式は、一度にすべての文字を見ることができないため、あらゆる読文の場面に対応できるわけではありませんが、いくつかその特徴を活かした読文や文章の伝達の方法があると考えられます。以下に、三つほど考えられる使用方法を紹介します。

ひとつ目は、読者自身がなぞり動作を行い、ゆっくりと文章を味わいながら読むというものです（図3-4）。文字の現れ・消える時間パラメータを変化させるとともに、なぞり動作を自分のペースで行うことで、自分で声を出して文章を読むように、文章に対してより強い関与感をもちながら読文を行うことができます。なぞってからどのように文字が現れるかという時間パラメータをさまざまに変化させることで、同じ文章からでも異なる印象を受けることもあるでしょう。前述のように、Yu bi Yomu は文章表示に時間的な要素をもっているため、とくに抑揚やリズムが重要となる話し言葉や口語的な文章、あるいは韻律を含む文章（たとえば、詩や短歌、俳句など）を読むときに効果的であると考えられます。

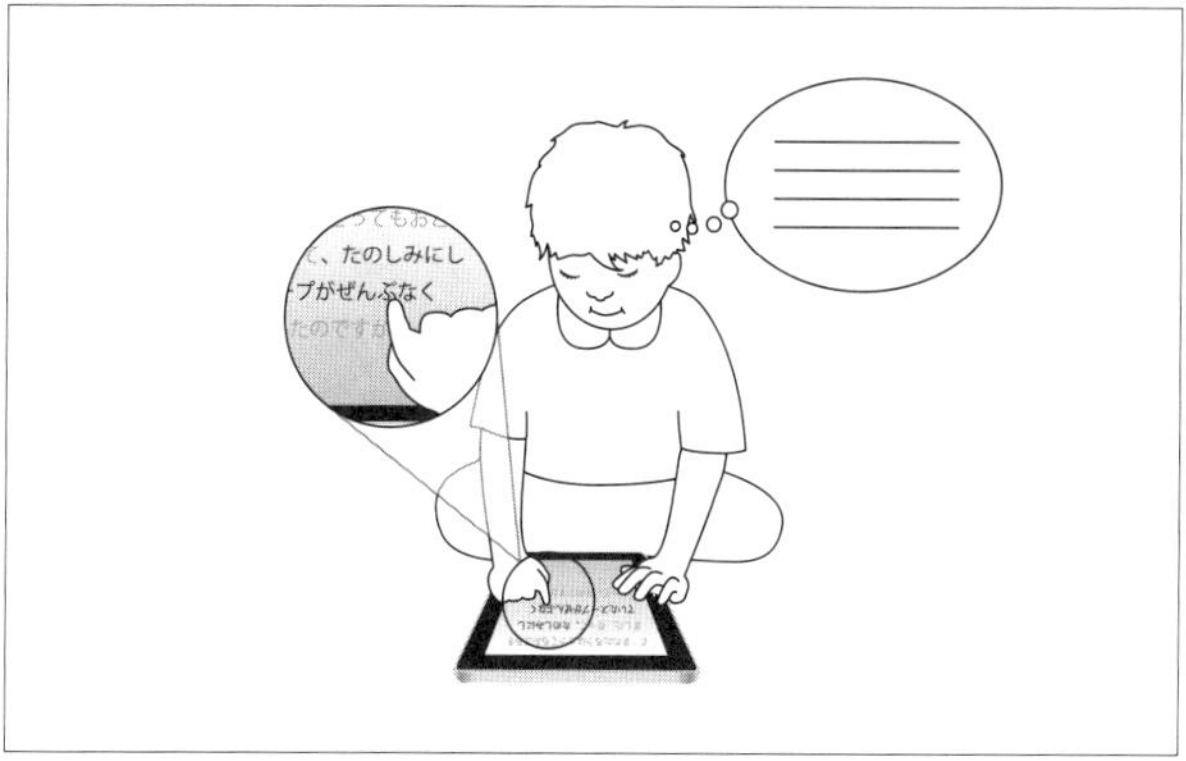

図3-4　自身のなぞり動作によって行う読文

ふたつ目は、なぞり動作の履歴を誰かに送るという遠隔コミュニケーションでの使用方法です。Yu bi Yomu は、なぞり動作によって文字が逐次的に現れる文章表示方式ですが、逆の言い方をすると、なぞらないと文字が現れない方式でもあります。つまり、なぞっている位置が読者の読んでいる位置と対応しているのです。そこで、ある読者のなぞり動作を記録し、別の人に送信し、それに合わせて文章を再生したら、そこでは、はじめの読者の心の読文速度で文章が再生されるということになります。たとえば、図3-5にあるように、お母さんの読みのなぞり動作を記録して子どもに送り、それをダイナミックテキストとして再生することで、あたかも読み聞かせをしているような文章表示が可能になります。また、文章の表示速度に複雑な加減速の

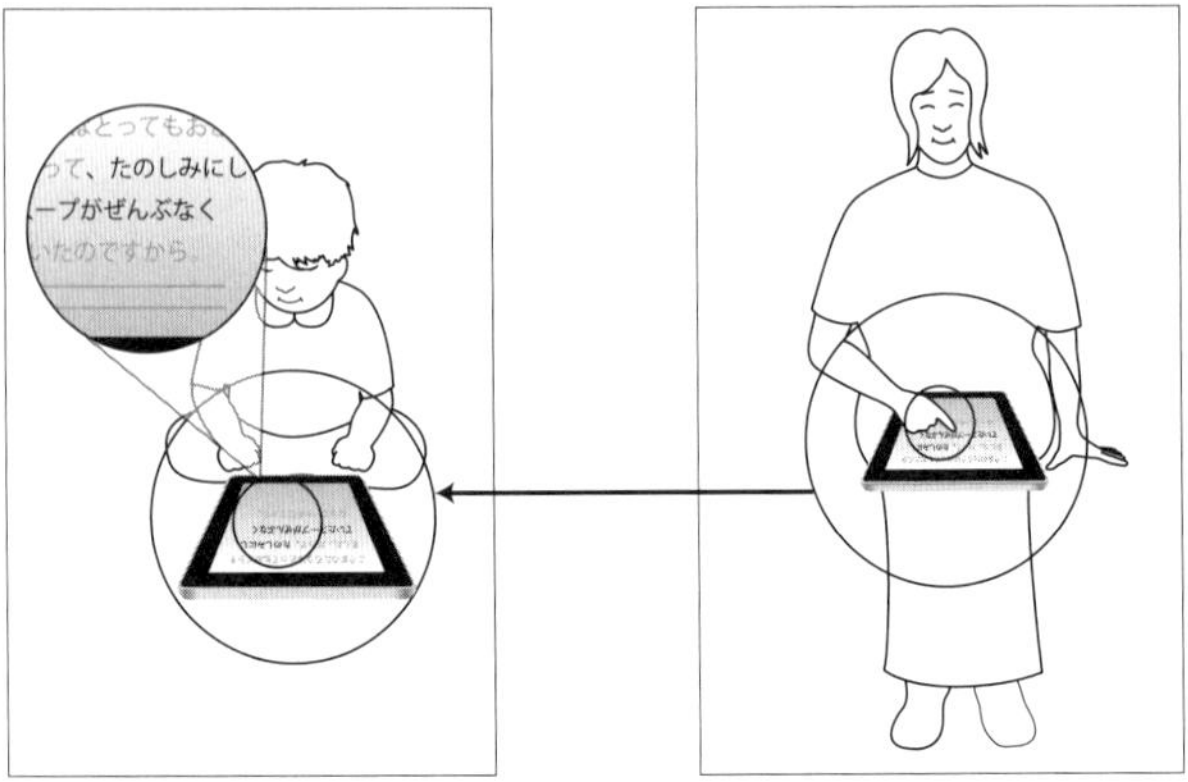

図3-5　母親のなぞり動作を記録、送信し、子どもの装置でそれに合わせてダイナミックテキストを再生

パターンをつければ、電報などの定型の短い文章からでも、話しかけられているような息遣いを感じることができるかもしれません。

三つ目はふたつ目の派生ですが、送ったなぞり動作の履歴を線や点などによって視覚化する使用方法です。この場合、ダイナミックテキストの作成に使用したなぞり動作を、文章の再生に使用するのではなく、そのまま文章の「読み跡」として視覚化することになります。読み跡を静止画として提示することも可能ですし、なぞり動作の位置や速度を線や点の動きとして提示することも可能です。たとえば、図3-6左列は、四人の人が同じ文章をYu bi Yomuで読んだ際の読み跡です。読み跡から、「読みが句読点で止まっている」「速度変化が多い、少ない」など、個人個人の読み方の違いや読文の際の心の引っ掛かりを、点や線の違いとして見ることができます。図3-6右列は、画面上各位置のなぞり速度を高さにとったグラフです。上のふたりの読み跡からは、なぞり速度の変化が大きく、進んでは止まり、進んでは止まりを繰り返す読み方をしている様子が見えてきます。その一方、下のふたりは、ほぼ引っかからずに一定のスピードで読んでいることがわかります。

ふたつ目の文章を再生する使用法では、文字が現れることで、読者はあたかも読み聞かせを受けているような感覚になると述べましたが、三つ目の読み跡を動画として再生する場合では、文字が表示されないので、何を言われているのかそのメッセージを理解することはできません。しかし、その動きの変化（メディアメッセージ）の中に、ある種の生物らしさや何らかの意図や感情（メタメッセージ）を読み取ることができます。このような、非生物に対して生物らしさや意図・感情を感じる知覚現象は「アニマシー知覚」と呼ばれ、私たちが環境に対して、社会的な態度（コミュニケーションをとるべき対象か否かを判断する態度）を支える基本的な性質として知られています。このように、読み跡は、読文における体験的理解の要素を強調して視覚化したものといえるでしょう。

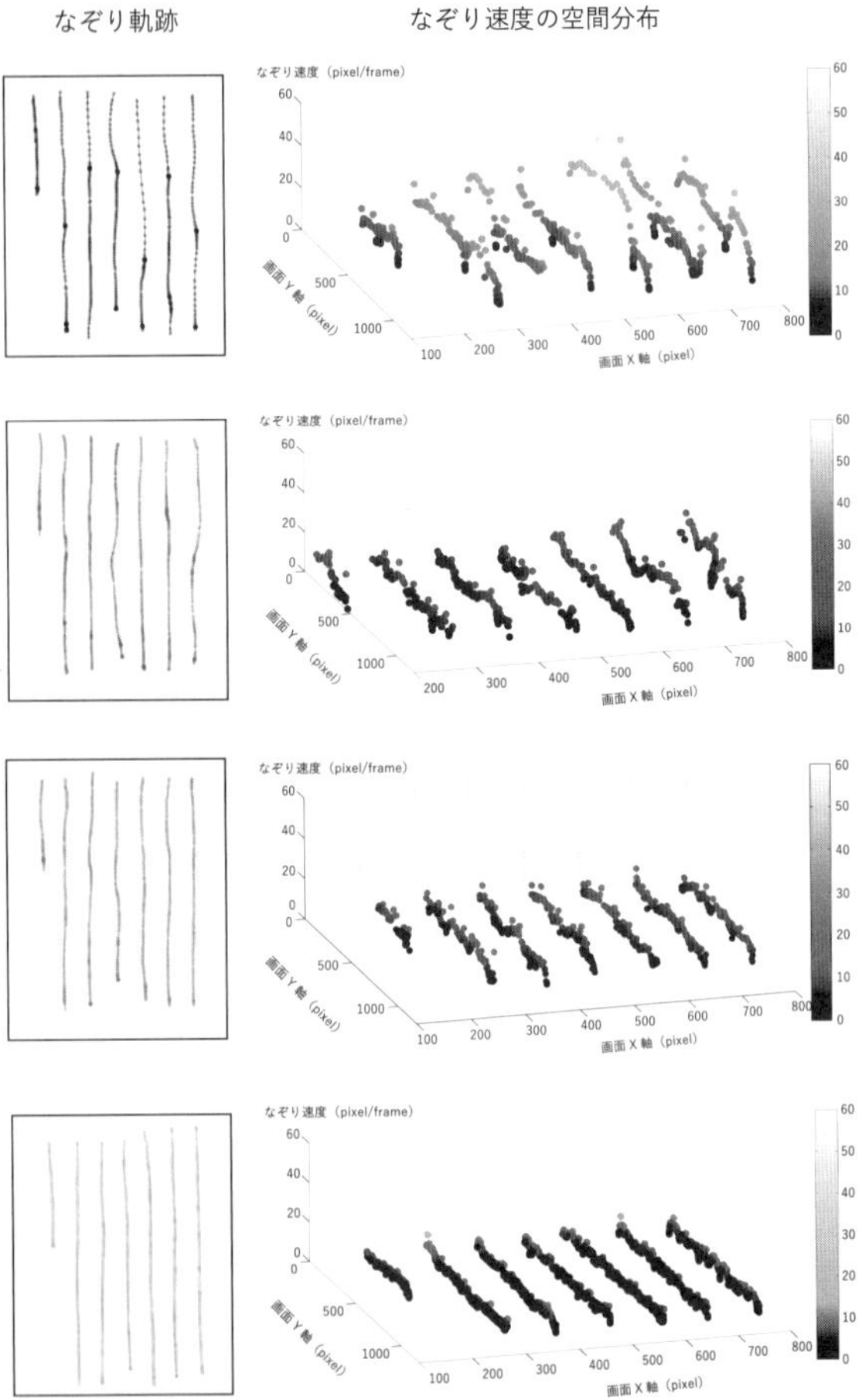

図 3-6　4 人の読み跡の違い　右列は各位置での速度を高さに取ったもの。

読みを伝える

動的に文章を表示することは、動きの中にその人らしさや生物らしさを感じさせます。そしてこのような人間の特性を利用することで、遠隔の人に読みの体験を実感をもって伝えることができます。ここでは、Yu bi Yomu を使ったなぞり動作の通信の例をふたつ紹介します。

ひとつ目は二〇一二年一〇月二〇日から一一月四日まで、東大寺総合文化センター（奈良県奈良市）で行われた「ACM Multimedia 2012」という国際会議での展示で、丸谷氏、安藤氏、植月氏と私の四名で、三つの Yu bi Yomu をつないだ展示を行いました。ＡＣＭは米国電算機学会（Association for Computing Machinery）の略称で、ACM Multimedia とは、その学会の中でとくにデジタルメディアを扱う歴史ある会議です。展示会場が東大寺だったこともあり、Yu bi Yomu で「般若心経」を表示しました。前方に大きなスクリーン二枚を配置し、その二面に般若心経のすべての文字（二六二文字）が並ぶようにプロジェクタで映し、その手前には、スクリーンを取り囲むようにして、三台のｉＰａｄを配置しました（図３－７）。ｉＰａｄは無線ネットワークで接続されていて、体験者が手元のｉＰａｄをなぞると、スクリーン上にもなぞった位置の般若心経の文字が浮かび上がります。スクリーン上には三台のｉＰａｄでなぞった箇所が合成された形で投影されます。これによって、複数人それぞれが般若

図3-7　東大寺の展示の様子（配置図）

心経を指で読むだけでなく、それがスクリーン上で合成され、視覚的に合唱が行われているような体験がなされました。

　もうひとつの例は、二〇一三年三月七日、一一日に平等院（京都府宇治市）で行われた、Yu bi Yomu を使用した読経イベントです（図3-8）。このイベントでは、Yu bi Yomu に音声出力機能を追加し、iPadを指でなぞると、般若心経の音声が発せられるようにしました。iPadをなぞることで文字が現れるとともに音声が発せられ、経典に馴染みのない人も、主体的に読経の場に参加している感覚を得ることができます。

図3－8　平等院での読経イベントの様子

般若心経の音声は平等院の神《かみ》居《い》文《もん》彰《しょう》住職と浄土宗大法寺（愛知県愛西市）の長《は》谷《せ》雄《を》蓮《れん》華《か》住職の声を録音、使用させていただきました。

さらにこのイベントでは、遠隔にいる人も祈りの場に参加できるようにインターネットを利用して、別の空間（大阪大学）にも読経を伝えるようにしました（図3－9）。平等院では、神居住職による般若心経の読経の声に合わせて、参加者がiPadをなぞり、住職の生の声と録音された声が合わさりひとつの合唱が生まれました。その様子（映像）はリアルタイムで大阪大学へ送られ、大阪大学でも参加者がiPadをなぞり、同時に合唱をしました。大阪大学の様子は、大阪大学の参加者のiPadのなぞり位置が、点の動きとして平等院へ伝えられました。そうすることで、平等院の参加者は、点の動きに対して大阪大学の参加者の読経の様子を想像し、異なる場所にいる人

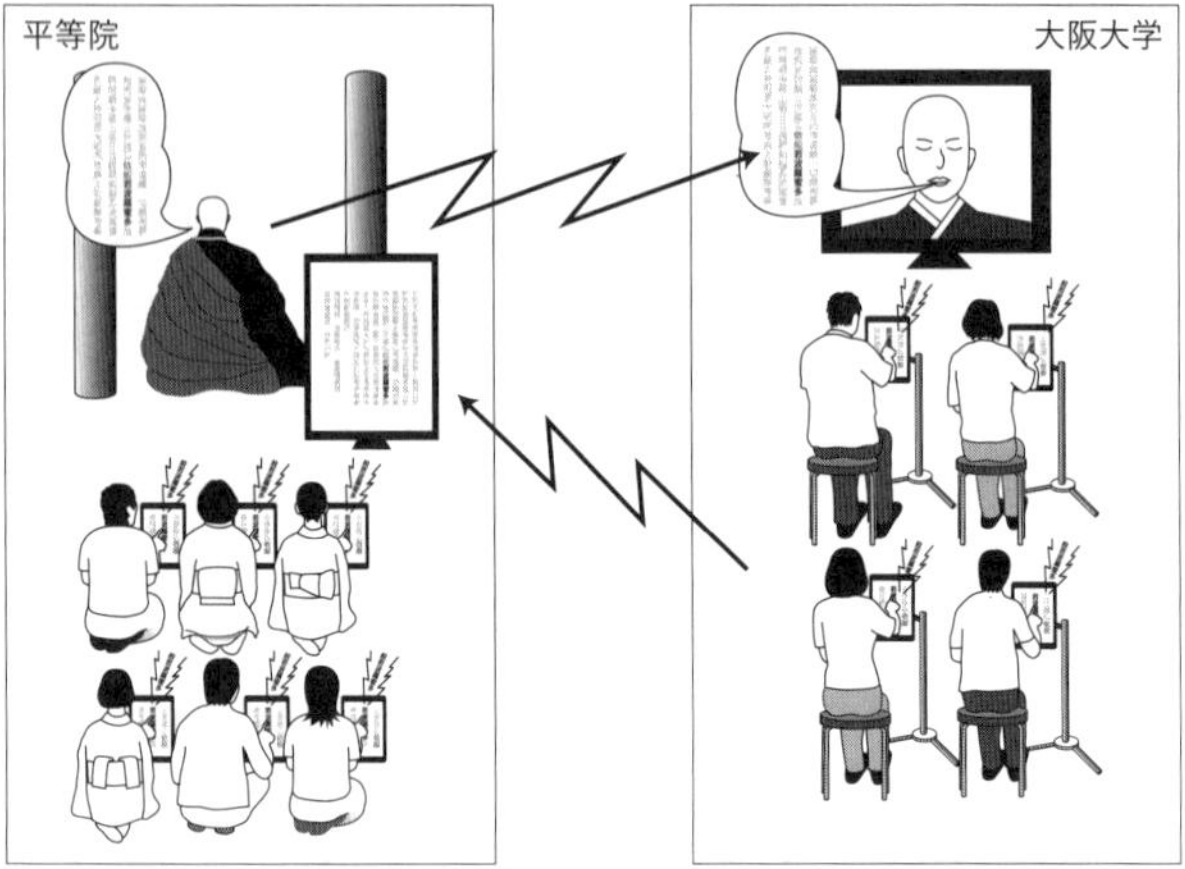

図３－９　読経イベントのシステム構成

たちと同時に合唱していると感じることができました。別の方法として、大阪大学の様子を映像で平等院へ送ることも可能でしたが、そうすると、通信によって少し遅れた映像が平等院へ送られ、結果として合唱している感覚は減少すると考えられます。

三月一一日は、平等院に一五名、大阪大学に六名が集まり、東日本大震災への祈りとして、大震災発生の一四時四六分に神居住職が般若心経の読み上げを開始し、それに唱和する形で七回読み続けられました。回数を重ねるにつれて、平等院、大阪大学ともに声の同期が徐々に高まっていき、それは「祈りの場」の共有の感覚を強く感じさせるものでした。

文章表現の未来、読文の未来

Yu bi Yomuは、文章表示に時間の表現を加え、これまでにないメディアメッセージのあり方を実現しています。文字が現れ・消える時間パラメータやなぞり速度を変化させることで、同じ文章からもさまざまな印象が生じます。そして、Yu bi Yomuはなぞり動作を記録することで、誰かに文章や読み跡を送り、遠隔にいる人と読文体験を共有することができます。これまでの読むという体験は、ひとりに閉じたものでしたが、Yu bi Yomuを利用すると、複数人で、さらにはその場にいない人とも、もしかしたら、異なる時間に読んだ人とさえ、読むという体験を擬似的に共有することができます。

また、文章の書き手の側から考えると、Yu bi Yomuは、これまでにない文章表現を生み出す可能性を秘めています。たとえば、読者がどこをなぞっても文章として成立する文章の書き方や、なぞる順番を変えることで新しい意味が生じるような文章を考えることができます。さらに、書道において、書いてある文字の意味（メッセージ）ではなく、どのように書かれたか（メディアメッセージ）が表現になるのと同じように、文字の時間的な表示条件の設定がひとつの創作になりえるかもしれません。

以上まとめると、Yu bi Yomuは、触れて現れる文字の現れ方や消え方を変化させることで「読む」という体験の幅を広げる文章表示方式といえます。さらに、触れて残るものを伝えることで、「読む」という心の動きを見えるようにし、それを「今、ここ」にいない人と共有することを実現しています。

三　触の類像、触の痕跡

アイコン・インデックス・シンボル

第2章で取り上げた心臓ピクニックは、生命という概念を記号のまま理解するのではなく、生命と深く関連する心臓の鼓動を手の上の触感として感じ、それを生命の概念と結びつけて記号接地を行うものでした。本章で取り上げたYu bi Yomuは、ダイナミックテキストや読み跡を送ることで、メディアメッセージを伝える新しい方式を提案するものです。これらの情報理解、情報伝達の原理の背景には、触覚そのもの、もしくは触覚の動きの痕跡を、別のもの（生命という概念や、なぞり手の意図や感情）を指し示す記号として機能させることがあります。本節では、論理学者チャールズ・サンダース・パース（Charles Sanders Peirce、一八三九～一九一四）の記号の指示作用の三分類（図3-10）を参照し、これらふたつの事例の違いを考察します。

パースによる記号の分類のひとつ目は「類像記号（ICON：アイコン）」と呼ばれる

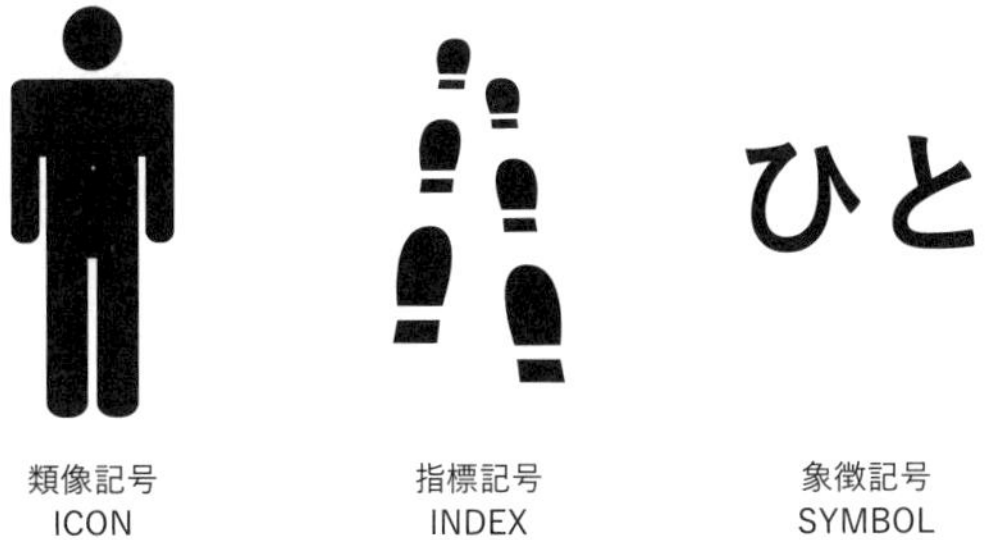

図3-10　アイコン、インデックス、シンボルの例

もので、記号と指示対象が何らかの感覚イメージのパターンを共有するものです。たとえば、似顔絵は人の顔のアイコンであり、トイレの入口の男女のシルエットも男性・女性の身体形状の特徴からつくられたアイコンです。また、パソコン画面に表示されるデスクトップアイコン（そのままですが）もアイコンであるものが多いです。また、「カキーン」「ピンポーン」など、環境音を五十音の音韻の組み合わせに置き換える擬音語は、聴覚におけるアイコンの例といえます。つまりアイコンとは、記号がもつ性質と指示対象のあいだに、何らかの感覚的類似性があることで生じる指示のあり方となります。そう考えると、心臓ピクニックによって、実際に触れることができない鼓動の触感を手の上の振動として感じることは、まさに、触覚が類像記号として機能している例だと考えられます。

ただし、ひとつ注意すべきは、アイコンとして提示された触覚は、指示対象とのあいだに何らかの類似性があるという点で、対象の触感を再現しようとする一般的な感覚提示技術と、一見、変わるものではありません。しかし、アイコンとしての触覚がめざす方向は、対象の触感を完全に再現することではなく、その指示性を最大化することにあります。たとえば、その違いは、視覚提示において、できるだけ高解像度の画像を提示することをめざすのか（感覚提示）、ほかの人にない特徴点を強調した似顔絵をめざすのか（記号化）、に近いといえるでしょう。

記号の分類のふたつ目は「指標記号（INDEX：インデックス）」と呼ばれ、記号と指示対象が物理的（もしくは因果的）に直接結びつけられたものです。たとえば、夕焼けが赤いということは、気象現象の物理的な結びつきによって、明日晴れるということを指し示すインデックスとなります。また、足跡は誰かがそこを歩いたことを指し示すインデックスです。一般に日本語の「跡」や「痕」という漢字が含まれる語（たとえば、「遺跡」や「血痕」）は、何らかの行為の痕跡に関連するものであり、それが写真のネガのように、その行為自体もしくはその行為主体を指し示すインデックスとなります。つまり、インデックスとは、その記号の性質自体ではなく、それとの直接的な関係性によってもたらされる指示のあり方です。

触覚におけるインデックスを考えたとき、何かが押された痕や、引っ掻かれた痕は典型的なインデックスです。そう考えると、Yu bi Yomuにおける読み跡は、読文時の読み手の指の動きのインデックスとなりますし、さらにそれは、読み手の文を読む心の動きを指し示すものでもあるといえます。このように、心臓ピクニックとYu bi Yomuは、どちらも記号と触覚体験・動作を結びつける試みですが、その指示のあり方は異なっています。

最後に、記号分類の三つ目は「象徴記号（SYMBOL：シンボル）」と呼ばれるもので、言語をはじめとする、記号と対象が外部の法則によって結びつく指示のあり方です。私たちが普段使用する日本語も、音韻と意味を結びつける辞書が存在し、それに基づいて意味の伝達がなされます。これまで、触覚を介して伝達されるシンボルとしては、視覚に障がいをもつ方々が使用する点字や指点字といわれる体系が存在していました。ただし、これらは、既存の日本語の体系に基づき、その音韻や文字に対応するものを触覚に置き換えることによって構成されたもので、純粋に触覚の感覚に意味を割り当てたシンボルとはいえません。触覚をシンボル化するうえでは、触覚刺激の周波数、強度、時間、リズムなどの違いに対して、何らかの意味づけを行うこともできるかもしれませんが、その効率性などからも、現在のところ触覚のシンボルを利用した言語体系は存在していません。

志向姿勢

心臓ピクニックのワークショップでは、自身の鼓動を記録し、心臓ボックスで再生するという手順を行います。このとき心臓ボックスは、聴診器を身体につけなくとも拍動を続けるため、自身の鼓動が振動に変換されているというよりもむしろ、心臓ボックスがひとつの自律した生き物のように感じられ、心臓ボックスに対して「頑張っている」、「愛しい」といった擬人化したイメージをもつことがあります。また、Yu bi Yomu において、なぞり動作を記録し、軌跡として再生すると、軌跡の動きの中にある種の生き物らしさを感じることがあります。さらには、その動きの変化の中に、作成した人の意図や感情を読み取ってしまうこともあります。心臓ボックスも読み跡も、人間の動き（鼓動やなぞり動作）を記録し、別の物体の動き（箱の振動や線の動き）で再生したものではありますが、それが記録した人間から切り離されていても（聴診器を外したり、読み跡を遠くの人に送ったとしても）、私たちは、その動きの中にある種の生命性を感じます。このような心の働きは「志向姿勢」と呼ばれます。

哲学者ダニエル・デネット（Daniel C. Dennett、一九四二〜）は、人間が物体の振舞を理解するときに取る三つの姿勢（stance）について述べています。ひとつ目の姿勢は、物体の行動を物理的な性質が反映されたものであると考える、「物理姿勢（physical stance）」と呼ばれる姿勢です。石ころが転がるのは重力の法則に従ったものだと考えるのはこの姿勢によるといえます。ふたつ目の姿勢は、物体の行動を何らかの設計が反映されたものであると考える、「設計姿勢（design stance）」と呼ばれる姿勢です。しくみの詳細は理解していなくとも、目覚まし時計が鳴りはじめるのは、設計したとおりに動いているからだと考える姿勢です。三つ目が、物体を意志（信念）をもって合目的的に行動しているものだと認知する「志向姿勢（intentional stance）」と呼ばれる姿勢で、物体の動きの向こうに、生物の何らかの意図や感情を想定する姿勢です。

心臓ピクニックの体験者は、ワークショップの手続きを経る中で、心臓ボックスの振動を「自身の鼓動の信号が伝達されたもの」という設計姿勢によって理解するだけでなく、徐々に、心臓ボックスを「何か生きているもの」という志向姿勢によって理解するようになったと考えられます。また、Yu bi Yomu の読み跡のところで述べた、なぞり動作の軌跡を再生することによって生じるアニマシー知覚も、志向姿勢の結果であると考えられます。このように、心臓ピクニックや Yu bi Yomu の体験者は、メディアの向こうに、ある種の生命性を感じとりますが、それは志向姿勢の結果であり、第2章、第3章で紹介したプロジェクトはそのような体験を引き起こす手順や技術であるということができます。

◆第2章と第3章のまとめ◆

現代では、物事を記号化することで、大量の情報を生み出し流通させる社会の流れがあります。しかし、記号化は、その現象が起きている現場固有の感覚やその現象と自分との関係性を希薄にしてしまいます。心臓ピクニックとYu bi Yomuはどちらも、触れることを利用して、情報を自分のものとして身体的に理解し、他者へ伝達、共有することをめざしています。このような試みは、記号あふれる現代であるからこそ生じたものであり、「今までになかった新しい何か」というよりは、むしろ、本来あったはずなのだけれども顧みられることがなくなってしまった記号と意味の関係を、現代なりのやり方で再発見するための枠組みであるといえるでしょう。

†

第4章

◉

触覚の語彙、
語彙としての触覚

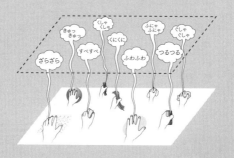

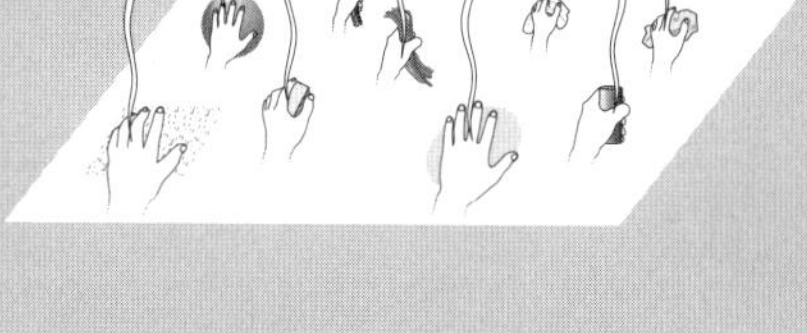

ここまで、触覚に加えられた振動やなぞり動作の軌跡によって生じるメディアメッセージが、記号のもつメッセージとどのように結びつくのかを述べてきました。以降、第4章、第5章では、触覚をより言語的な視点から捉え、触覚を使用した情報伝達の広がりについて考察していきます。本章では、触覚の「分節（似ているものをまとめてカテゴリにわけること）」と「名づけ（音象徴）」について、触覚を表す主たる語彙であるオノマトペ（「さらさら」「ざらざら」など擬音語・擬態語の総称、英語では“mimetics”“ideophone”“onomatopoeia”もしくは“sound symbolic words”と呼ばれます）に着目して、述べていきます。

一　分節、象徴、オノマトペ

感覚の分節化と名づけ

はじめに、既存の言語において、感覚と言語記号がどのように結びつけられているのかを概説します。感覚と言語の関係を考えるうえでもっとも重要な問題のひとつは、感覚には無限の多様性が存在する一方、記号の数は有限であるということです。そのため、記号との結びつけを行うためには、感覚を一定の基準に基づいて分類し、カテゴリにまとめる必要があります。たとえば視覚では、色名（「赤」や「青」）、光の様態の表現（「明るい」や「暗い」）、光の印象の表現（「きらきら」や「ぴかぴか」）などのカテゴリの名称が存在することで、ある範囲の光によって生じる感覚をひとつのカテゴリにまとめて認識し、その記憶や伝達に効率性や頑健性をもたらしています。これは言い換えると、私たちは、自分自身にとって必要な感覚情報をカテゴリ化し、名称をつけることで、自分の外部にあるもの（さまざまな光）を自分の内部に記号として表現し、効率的に処理、伝達しているということです。

色の感覚には「赤」「青」「緑」「紫」「黄」と、感覚の名称の語彙が数多くあり、これらの色を、私たちはすべて別の感覚として区別することができます。また、私たち日本人は、人間が発声可能な音声を日本語五十音（五〇種類の聴覚に関する感覚カテゴリ）のいずれかにうまく対応づけることで、会話を行っています。このように、私たちは多様で連続的な「感覚の世界」から離れたところに、「記号の関係性（カテゴリ名称の関係性）」をつくり、この感覚はこっちのカテゴリ、あの感覚はあっちのカテゴリと連続的な感覚を離散化されたカテゴリに分節化しています。そして、そのカテゴリの関係を創作、体系化し、操作することが、言語のひとつの側面だと考えられます。

音声詩

このような感覚の分節化の特徴は、普段あまり意識することはありませんが、それを思い起こさせる、ひとつの興味深い例を挙げます。図4-1は、詩人であり、私の共同研究者でもある松井茂氏（東京藝術大学）の作品『音声詩　時の声』（二〇〇九年制作）を仮名原稿化したものです。この作品は、以下のような手順で制作されました。

1. 松井氏がICレコーダーで環境にある音を録音し、それを組み合わせて「音」による詩を制作する。
2. 声楽家さかいれいしう氏が、その「音」による詩をイヤフォンで聴取しながら擬音語の「音声」として読み上げる。
3. 読み上げられた「音声」の詩を武石藍氏が聞き、「仮名」として原稿化する。

つまり、松井氏が収集した「音」が、さかい氏の声によって擬音語という「音声」に変換され、さらに、その「音声」を武石氏が聞き取り、五十音のカテゴリに分節化し、「文字」に変換されたものが図4-1ということになります。この過程において、さかい氏はイヤフォンからの環境音をできるだけ模倣した擬音語を発声するように指示されていましたが、その発声は、さかい氏の発声機構の特性（声で表現可能な音の

音声詩
時の声

松井　茂

かちっかちってぃきちき、てぃきちき、
きゃっきゃっ、ちきっ。ちけちき。ちゃ
かっ、ちーちゃかっ、ちゃかっ。ねぅえ
っとくっ、とぅぃっくて。てぅ〜っくと
。てんてんべん、とぅえんとえんうえん
。。。てぃっく、てぃっ。ばーてぃ、ゔ
ぁ〜てぃ、だーてぃ、だ〜てぃ。てぃっ
くっとぅ。はぁ〜っはあ。てぃきてぃき
、ちきちき。ちっちっちっ、てぃきてぃ
きっ。ばーちぃ、ばーてぃ、ゔぁ〜てぃ
。だっ。てけってけてけ、だ〜。てけて
け。ぐぅぁ〜、どうぁ〜、とととどのの
ろろろぉる。ろろろろぉるるるる、きゅ
きゅきゅきぃきぅきゐ。めろめろ、めろ
めろ。とぅとぅととと。しゅわぁっ
てぃき。ちきちき、しゅわっ、ちきちき
。ほわほわわあ、わああん〜あわわわ。
ちゃおぅわんゑご、ほ〜んっだか、あち
ょろわぁんにゃー。てぃっこた、ててて
て。てぃっこた、んんんん。てぃっこた
、てぃぇっこた。にっぃっこた、、、み
っかた、、、にぃっかた、、、　みっかた
ぁ。ばーてぃ、ゔぁ〜てぃ、だーてぃ、
どーてぃ……。。はーはー、は〜〜〜

図4-1　松井茂 編集制作『音声詩　時の声』「朝日新聞」2009年9月12日夕刊掲載。

範囲など）や、日常使用している日本語五十音の音韻カテゴリに影響を受けていたと考えられます。そして、武石氏も同じく、できるだけ聞こえたままに音声を文字に置き換えるように指示されていましたが、その文字化の過程において、武石氏のもつ音韻カテゴリや擬音語のボキャブラリに影響を受けていたと考えられます。これらの過程は、人が音韻のカテゴリや語彙によって音の感覚を分節化し、再構成する一般的な過程と考えられます。また、もちろん、武石氏ではなくほかの人が仮名化を担当していたら、また違う音声詩の原稿が生まれていたでしょうし、松井氏はその可能性自体も作品のなかに織り込んだといえるでしょう。

擬音語

擬音語は環境音をそのまま声で表したものと考えられがちですが、実際は、環境音から生じた音の感覚をカテゴリ化し、それを環境音に似た音韻の組み合わせによって名づけたカテゴリの名称です。つまり、環境音に基づきながらも、それは日本語五十音の組み合わせの範囲内でのみ表現されるものなのです。そのように考えると、同じ音に関する擬音語が言語によって異なることも、とくに驚くことではありません。猫の鳴き声は日本語で「ニャー」と表しますが、英語では meow、フランス語では miaou です。もちろん、日本とアメリカとフランスで、そこにいる猫の鳴き声自体が異なることや、日本人とアメリカ人とフランス人で音の聞き取りの特性が異なるということも否定できませんが、基本的には同じような種の猫であれば、どこにいても同じ鳴き声を発し、同じ人間であればある程度同じ音が聞こえるとすると、その鳴き声の音の分節自体は大きく変わらずに、カテゴリの名称が各国の言語が有する音韻の体系に基づいてつけられ、結果として異なる音韻によって表されたと考えることができるでしょう。

また、環境音を擬音語にカテゴリ化する過程は不可逆の過程です。たとえば、時計の針の動く音とホチキスを留めたときの音は、感覚として聞き分けることができます。しかしそれらは同じ感覚カテゴリに分類され、両方とも「かちっ」という擬音語に対応づけられます。そのため、「かちっ」という擬音語だけが伝えられたとしても、その擬音語だけでは、それが時計の針の動く音なのか、ホチキスを留めた音なのか決定することはできません。つまり、さまざまな音がひとつの擬音語のカテゴリに分類されるため、ひとつの擬音語（感覚カテゴリの名称）を聞いたとしても、そこからもとの音を再現することは不可能なのです。むしろ、その語がどのような感覚を指し示すかは、その語を伝えられた人の言語体系や経験に強く依存します。

オノマトペと音象徴

ここまで連続的な感覚が離散的なカテゴリへ分節化されることについて述べてきましたが、次に、分節化された感覚のカテゴリの名称はどのように決定されるのか、ということを考えてみたいと思います。たとえば、太陽や血、紅葉を見たときに生じる光の色の感覚を「あか（/aka/）」と決めたときに、なぜ「あか」という音でなくてはいけないのでしょうか。もちろん、語源である「明るい」「明かし」という言葉と関係があるというのもありますが、太陽や血、紅葉を見たときの感覚を指し示すという役割だけならば「かあ」でも「あ」でも、「ああああ」でもよいわけです。

記号学の祖であるフェルディナン・ド・ソシュール（Ferdinand de Saussure、一八五七〜一九一三）は、指し示すもの（「シニフィアン」といい、さきほどの例だと「あか」という音韻）と指し示されるもの（「シニフィエ」といい、さきほどの例だと血や太陽の光の色の感覚）の関係に、一般的なルールは存在しないとしました。実際、何かを指し示すという役割だけを考えたら、それをなんという音韻で指し示そうが機能上の問題はありません。しかし、それらの関係に何らかの手がかりをもつ語も存在しています。

たとえば、擬音語の音韻（シニフィアン）は、その語が指し示す環境音（シニフィエ）に近い音を使用するという明確な根拠があります。また、視覚や触覚の様態を表す擬態語においては、明るい光を見ても「ピカピカ」という音はしませんし、滑らかなものに触れても「スベスベ」という音は起きませんが、その音を聞くと語が表す感覚を推定することができます。それは知らない語であったとしても同様で、たとえば、「ざりざり」という音を触覚の擬態語だと考えると、日本語使用者にとってはおそらく、粗くて尖ったような触感をイメージするのではないでしょうか。柔らかな触感を想起することはおそらくないでしょう。このように、擬態語では、そのメカニズムは明らかではないものの、語の名称の音韻（シニフィアン）とそれが表す感覚イメージ（シニフィエ）とのあいだに「音象徴（sound symbolism）」と呼ばれる、体系的な結びつきが存在しています。

また、音象徴は言語を超えて存在することもあります。ひとつ有名な例を挙げると、図4‐2のように丸みを帯びた図形と尖った図形とがあったとして、どちらかの名が「ブーバ」、もう片方の名が「キキ」だとしたら、どちらがどちらだと感じるでしょう

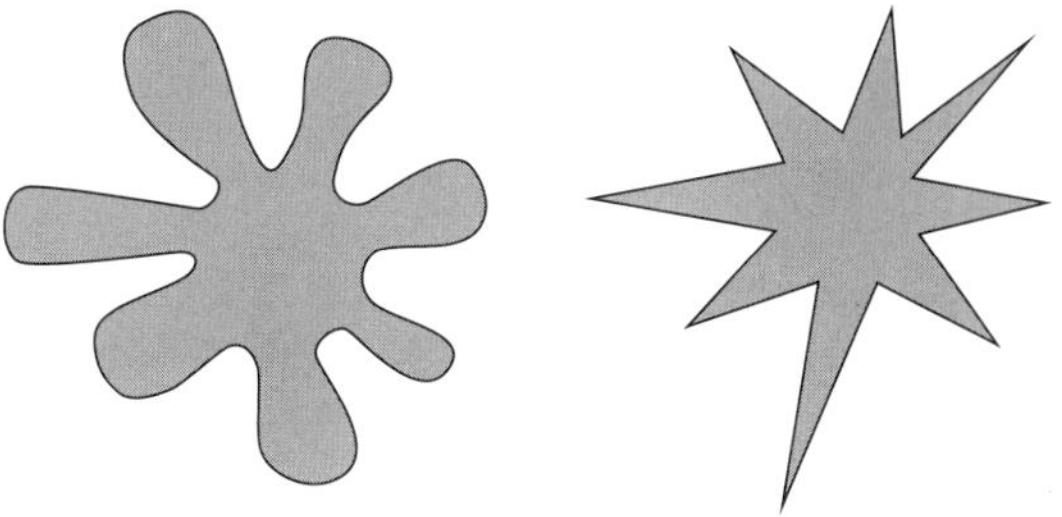

図4－2　ブーバ・キキ効果の例　左がブーバ、右がキキ。

か。音韻と感覚の関係が恣意的であるならば、どちらが「ブーバ」／「キキ」でもよく、そこに正解はないはずですが、多くの人が丸みを帯びた図形を「ブーバ」、尖った図形を「キキ」と対応づけました。この例は、「ブーバ」や「キキ」という言語記号の音韻と、それらが指し示す対象である丸いまたは鋭い形状とのあいだに音象徴が存在していることを示しています。音象徴は、その音を聞いたときに、対応する感覚自体が生じるわけではありませんが、この例のように、どの音韻と感覚が結びつくのか、いくつかの候補を出されたときには、よく当てはまるものです。

音象徴の背後にあるおもなメカニズムとして、発せられる音の鋭さや音程の上がり・下がりといった音響的な特徴や、発音の際の口腔の形や息を吐き出すときの口腔内の感覚的な特徴が考えられています。実際、「キキ」の /k/ の音は、口腔内を狭めて口腔内のやや硬い部分（図4－3の軟口蓋）に強い緊張をつくる音です。一方、

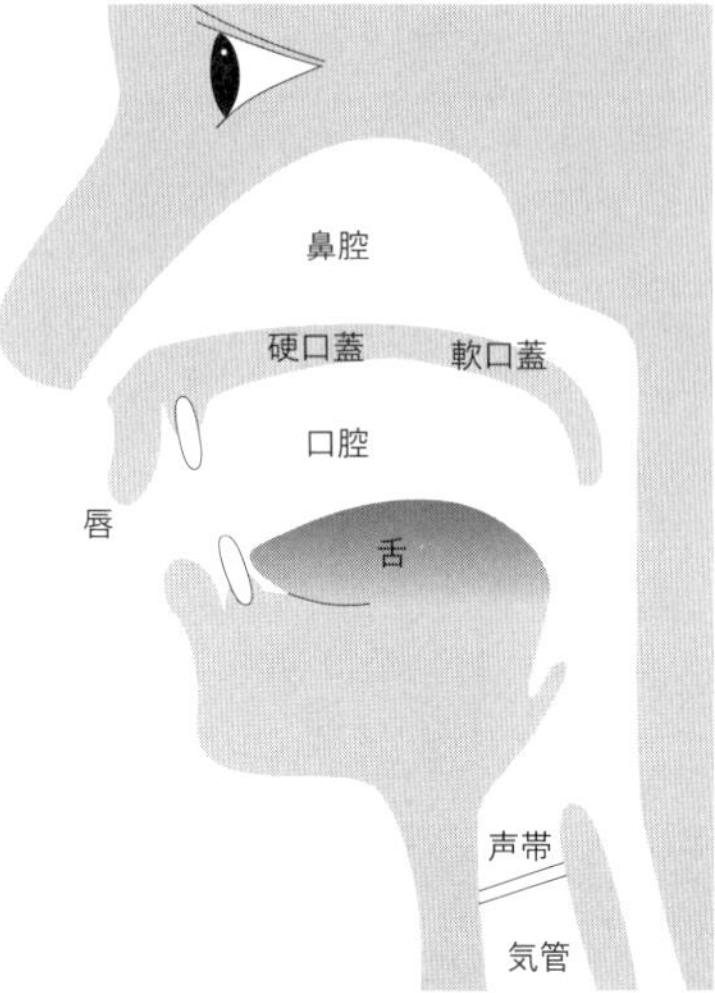

図４-３　人間の発声機構

「ブーバ」の/b/の音は、やわらかい唇全体を破裂するように震わせることで生じる音です。

日本語のオノマトペでは、第一子音が「濁音かどうか（声帯を震わせるかどうか）」と「音韻の発声位置」が大きな影響をもつようです。口腔の奥から外へ順に濁音を出すと、およそですが、ガ行、ザ行、ダ行、バ行の順に並びます。一方、それらの音を、声帯を震わせないで発したときの音を並べると、カ行、サ行、タ行、パ行となります（発声上はハ行でなくパ行が対応することを、図４-３を見ながら確かめてみてください）。そして、触覚のオノマトペを濁音化する（声帯を震わせる）——たとえば「カサカサ」から「ガサガサ」へ、「サラサラ」から「ザラザラ」へ変化させる——と、より粗い性質と結びつけられます。また、硬い性質と結びついたオノマトペは口腔の奥の音が多く（「カチカチ」など）、軟らかい性質と結びついたオノマトペは唇に近い音が多いです（「プニプニ」など）。もちろん、口腔の感覚に関する特徴がすべての音象徴の傾向を説明できるわけではありませんが、音韻がもつ何らかの感覚的特徴と指し示される感覚の特徴が結びつけられて、オノマトペの名称は決められていると考えられます。一般的な語が、音韻と感覚の恣意的な対応づけによって成立するのに対し、オノマトペは基本的には言語の使用者がもつ感覚や音声に関連する身体的な情報処理機構によって音韻と感覚が関連づけられています。

音象徴に基づくオノマトペの印象の定量化

本節の終わりに、オノマトペの音象徴に着目した興味深いアプリケーションを紹介します。オノマトペについて共同研究を行っている坂本真樹氏（電気通信大学）は、これまで述べたオノマトペの音象徴に着目し、オノマトペが表す質感や感性的印象を、その音韻の特性に基づいて定量化するシステムを開発しています。このシステムは、オノマトペを構成する音韻に、第一音の子音の種類、第一音の母音の種類、第二音の子音の種類、第二音の母音の種類、濁音・半濁音の有無、繰り返しの有無などの、一三の属性を定義し（たとえば、「ざらざら」の属性は、第一音の子音 /z/、第一音の母音 /a/、第二音の子音 /r/、第二音の母音 /a/、濁音有、繰り返し有などとなります）、それぞれの属性がオノマトペ全体の印象に与える影響の大きさを推定し、それらの影響の合計としてオノマトペ全体の印象を決定しています。

それぞれの属性の影響の大きさは、前述の属性すべてを網羅する三一二語のオノマトペを対象に四三項目（図4‐4にある形容詞対の項目）の印象評価実験を行い、その結果を属性ごとに分解することで推定されました。たとえば、三一二語の中で /z/ を第一子音に含む語をすべて取り出し、その語の評価値を利用してある項目の第一子音 /z/ の影響を推定します。もとになったのは三一二語のオノマトペですが、それを一三の属性に分解することで、任意の音韻のオノマトペの印象（四三項目の評価値）を定量的に表すことが可能になっています。

図4‐4上は髪や肌触りの質感を表すときに使われる「ふわふわ」をシステムで出力した結果で、四三項目の中で、やわらかい、軽快な、マイルドな、脆い、女性的な、弱い、穏やかな、抵抗力のないといった項目の評価が高くなっていることがわかります。また、図4‐4下の「べとべと」の出力は、暗い、不安な、悪い、不快、汚い、うっとうしい、下品な、嫌いな、粘つく、鈍い、といった項目の評価が高く、これは私たちのもっている直感的なオノマトペの印象とうまく合っています。

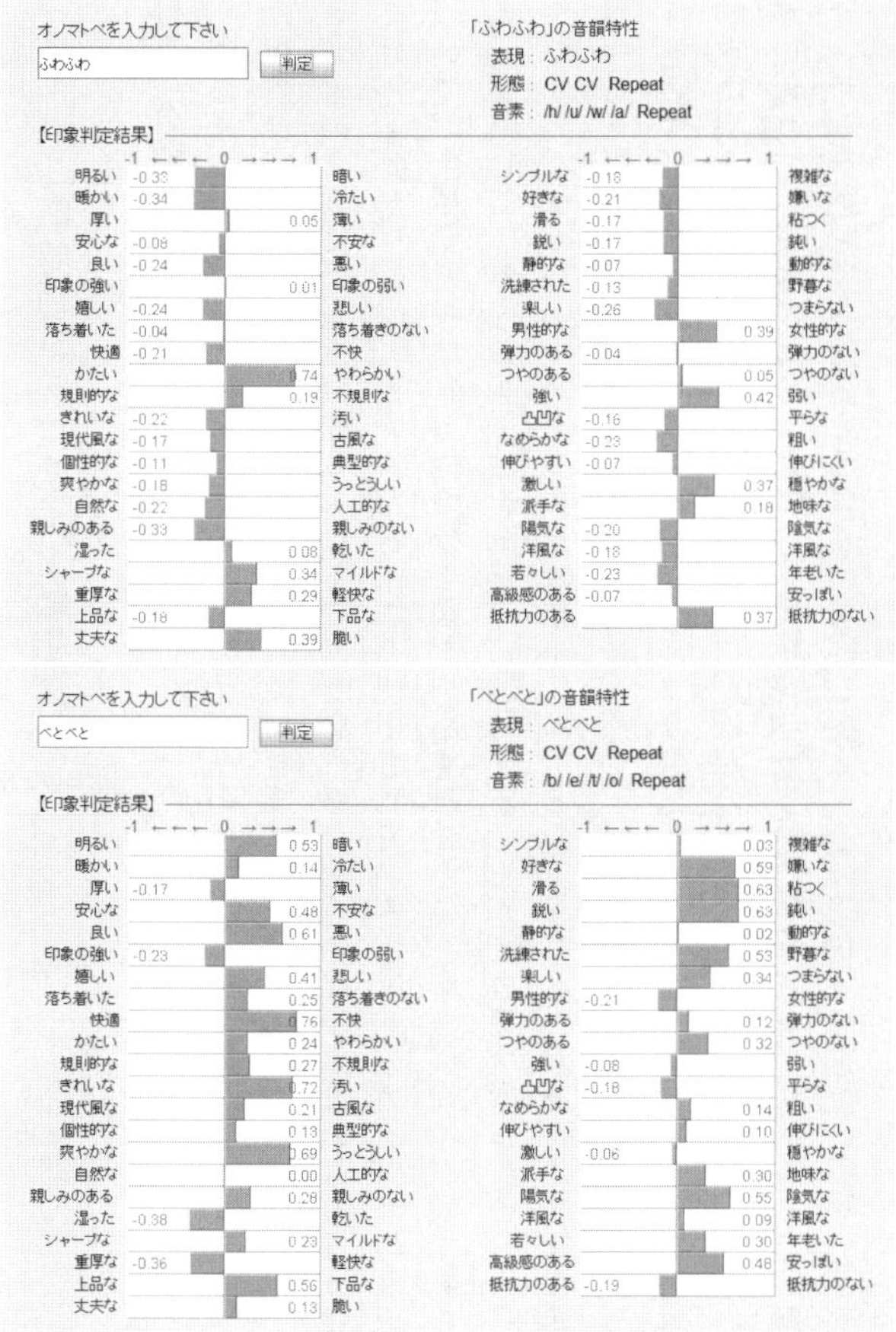

図4-4　「ふわふわ」（上）と「べとべと」（下）の出力結果　坂本真樹研究室提供。

二　触感のカテゴリ――触相図

触覚の分類

　ここまで感覚の分節化と、その分類カテゴリの名称について述べてきましたが、次に複数の感覚の関係や分類について考えていきます。感覚の名称やその語彙は、私たちがどのように感覚を分類しているのかを調べるひとつの手掛かりになります。たとえば、「赤」「青」「緑」といった日常よく使用されている色感覚のカテゴリの関係性について、色相環と呼ばれる色の分布図を利用することで、赤の反対色が緑であるなど、人間が感じている色の関係性を直感的に理解することができます。

　では、本章のテーマである触覚の語彙には、どのようなものがあるでしょうか。金属や布、紙といった材質に関する名前や、粗い、滑らか、硬い、軟らかいといった属性を表す形容詞は存在していますが、あまり数は多くありません。しかし、日本語の触覚に関するオノマトペは、ほかの言語、ほかの感覚に比べて、非常に数が多いことが知られています。そこで私は、早川智彦氏（東京大学）、松井茂氏とともに、触覚のオノマトペを触覚の感覚カテゴリの名称と捉え、その印象分析を行い、触覚がどのように分類、構造化されているのか、可視化する試みを行いました。以下、その手順を述べます。

はじめに、二音節繰り返し型（「さらさら」など）の触覚オノマトペを四二語選択しました（表4‐1）。そして、それらのオノマトペ群に対して、実験参加者二〇名に、それぞれのオノマトペがもつ「大きさ感」、「摩擦感」、「粘性感」という三つの感覚イメージを五段階で主観評価してもらいました。主観評価の結果を主成分分析（四二語の関係を少ない次元でわかりやすく見せる計算）し、その第一成分、第二成分をそれぞれx軸とy軸に対応させたものが図4‐5です（「硬・軟」「粗・滑」「乾・湿」の軸はわかりやすさのために筆者が主観に基づいて引いたもの）。

この分布図では、近い感覚イメージを表す触覚オノマトペが空間的に近く分布することになります。そして、触覚オノマトペの位置とそのオノマトペを構成する音韻とのあいだに、強い結びつきを見いだすことができます。たとえば、粗い感覚イメージを表すオノマトペでは、第一音の子音に /z/ が多く使用され（「ざらざら」など）、滑らかな感覚イメージを表すオノマトペの多くは、第一音の子音に /s/ が使用されていました（「すべすべ」など）。また、硬い感覚イメージには /k/（「こりこり」など）、軟かい感覚イメージには /n/（「ねちゃねちゃ」など）といったように、第一音の子音に感覚イメージごとの代表的な音韻が観察されました。この分布図は、オノマトペによって分類される感覚イメージの構造を二次元平面上に可視化したものであり、カテ

表4-1　触覚オノマトペのリスト

かさかさ	がさがさ	くにゃくにゃ	ぐにゃぐにゃ	くにょくにょ
けばけば	こちこち	ごつごつ	こりこり	ごりごり
ごわごわ	さらさら	ざらざら	じゃりじゃり	しょりしょり
じょりじょり	しわしわ	すべすべ	ちくちく	つぶつぶ
つるつる	とげとげ	とろとろ	にゅるにゅる	ぬめぬめ
ぬるぬる	ねちゃねちゃ	ねちょねちょ	ねばねば	ふかふか
ふさふさ	ぷちぷち	ぷつぷつ	ふにゃふにゃ	ぷにゅぷにゅ
ぷにぷに	ぷるぷる	べたべた	べちゃべちゃ	べとべと
もこもこ	もちもち			

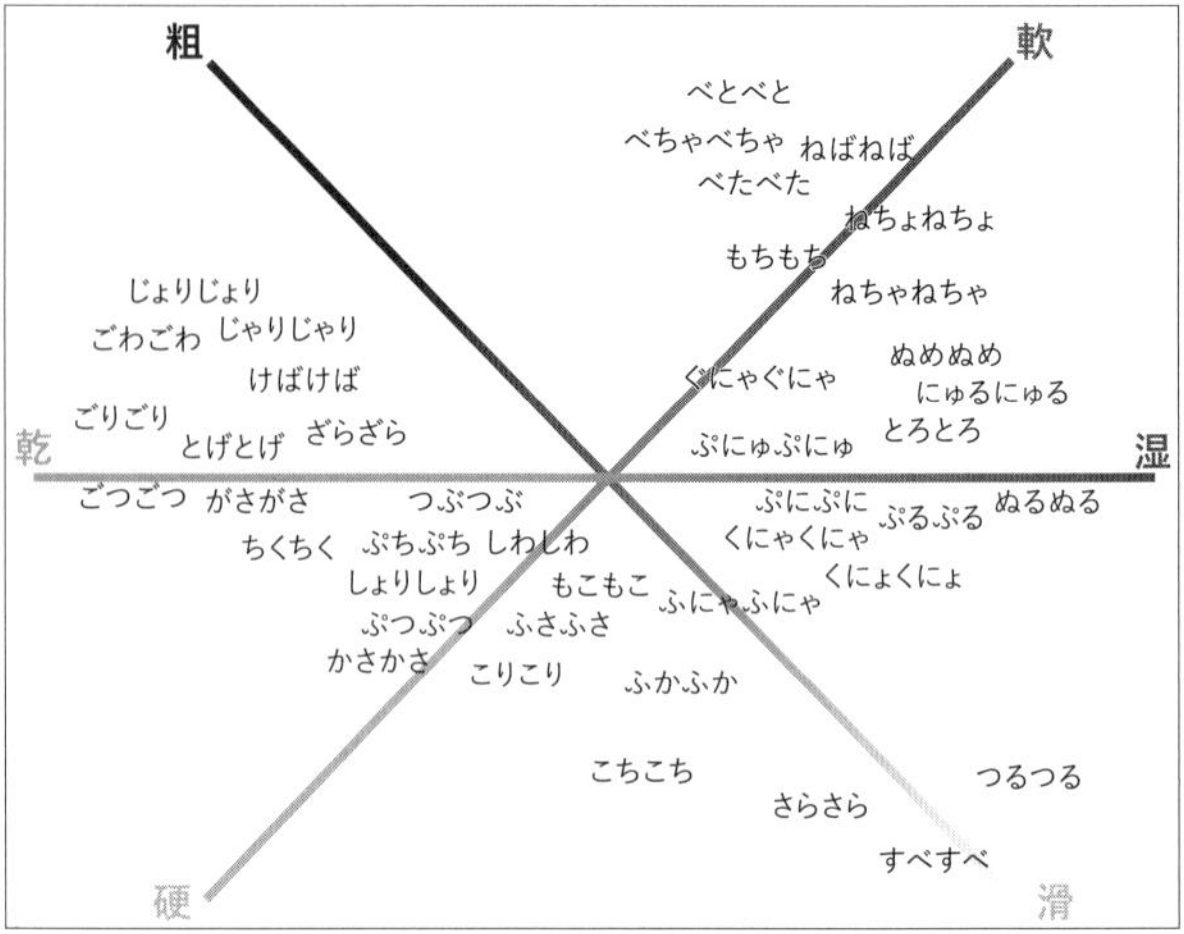

図4-5　触覚オノマトペの二次元分布図

ゴリ分類によって離散的に扱われる感覚イメージを連続的な二次元平面上に再配置したものといえます。

触相図を作成するワークショップ

私たちは、このオノマトペの二次元分布図を利用して、触覚のカテゴリ分類と言葉の関係を再認識する、一般向けのワークショップを行ってきました。ワークショップでは、参加者がオノマトペを声に出しながらさまざまな触素材に触れ、それらを分類することで、普段は意識しない、触れるという感覚および言葉による感覚の分節化の過程を、身体を通して再発見することを目的としました。二〇一〇年八月一四日、一五日、二八日、二九日の四日間、NTTインターコミュニケーション・センター［ICC］（東京都新宿区）にて開催された展覧会、ICCキッズ・プログラム2010「いったい何がきこえているんだろう」の一部として、ワークショップ「触り言葉で話してみよう（早川智彦＋松井茂＋渡邊淳司）」が行われました。各日二回開催で計八回のワークショップを、各回約一〇名（五名ずつの二グループに分割）の参加者に対して行いました（一回約九〇分）。参加人数はのべ六九名で、内訳は、親子連れが半数程度、子どもは全体の三割から四割程度でした。また、三名の視覚障がいの方の参加がありました。

ワークショップは、図4-6のようなワークシートが参加者に配布され、これに沿って進行されました。はじめに、参加者にオノマトペや触素材に触れることに慣れてもらうため、簡単なクイズを実施しました。このクイズは、中身の見えない箱に手を入れて、箱内部にある触素材を触り、ワークシートに記された四つのオノマトペからその触り心地に一番近いものを選ぶものです（図4-6左、図4-7左）。素材はゴムシート、園芸用品、アクリルボード、和紙、合成毛皮の五つを用意し、オノマトペの選択では、実際に声に出しながら選んでもらいました。また、クイズをしながら、触った素材の触り心地が図4-5の二次元分布図上のどの位置にあたるかを決定し、そこに貼っていきました。二次元分布図とそこに貼る素材は各グループで一枚ずつ用意され、グループ内の複数の参加者で話し合いながら素材の位置を決定しました（図4-7右）。クイズに使用した五つの触素材がすべて貼られたところで、それ以外に五つ触素材を追加し、合計一〇素材を二次元分布図上に並べました（以下、分布図上に素材が並べられたものを「触相図」と呼びます）。配置後、近い感覚の素材が空間的に近く、異なる感覚の素材が、空間的に遠く位置することを確認し、グループごとの触相図をホワイトボードに貼って、その傾向を比較しました。次に、各参加者が、一〇素材の中から、好きな触り心地の素材と嫌いな触り心地の素材をそれぞれひとつずつ選び、嫌いな触素材から好きな触素材へ向けた矢印をマップ上に記入しました。そ

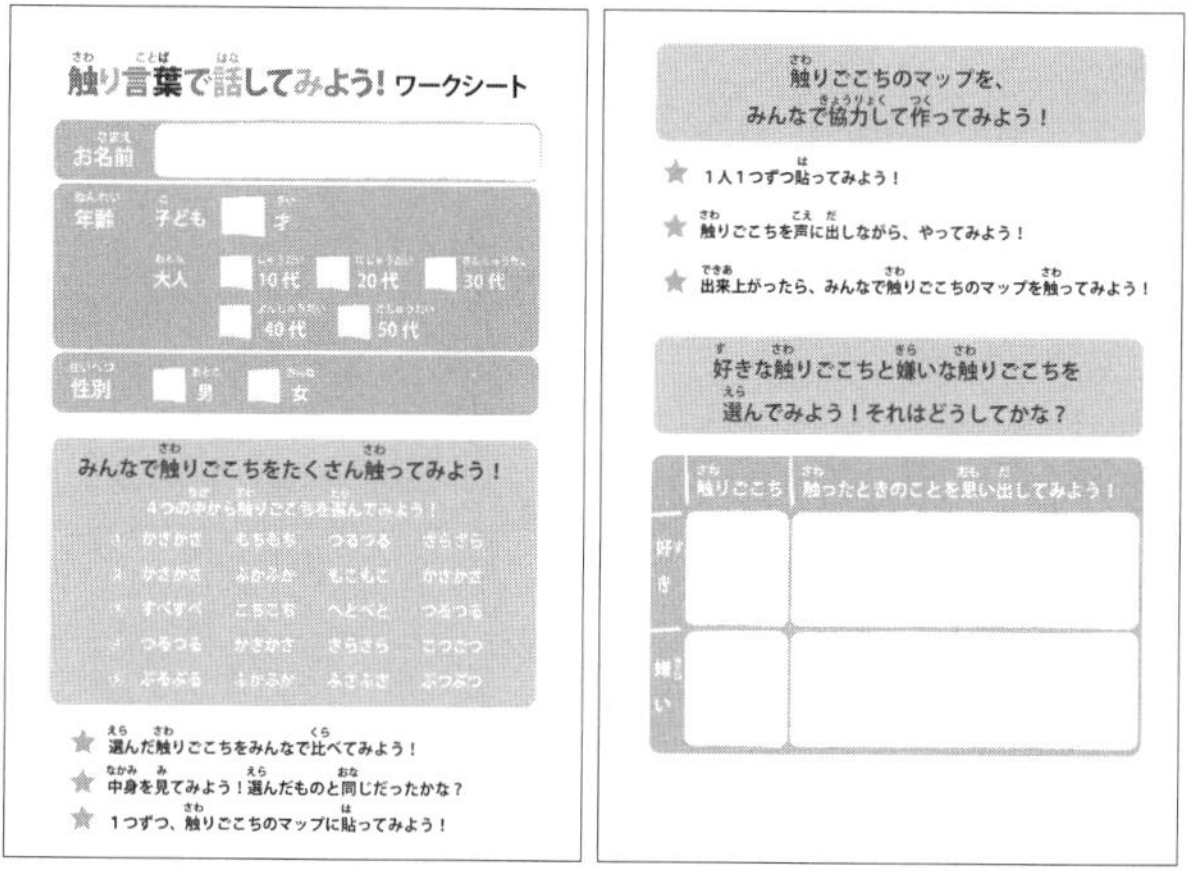

図４-６　ワークショップで使用したワークシート

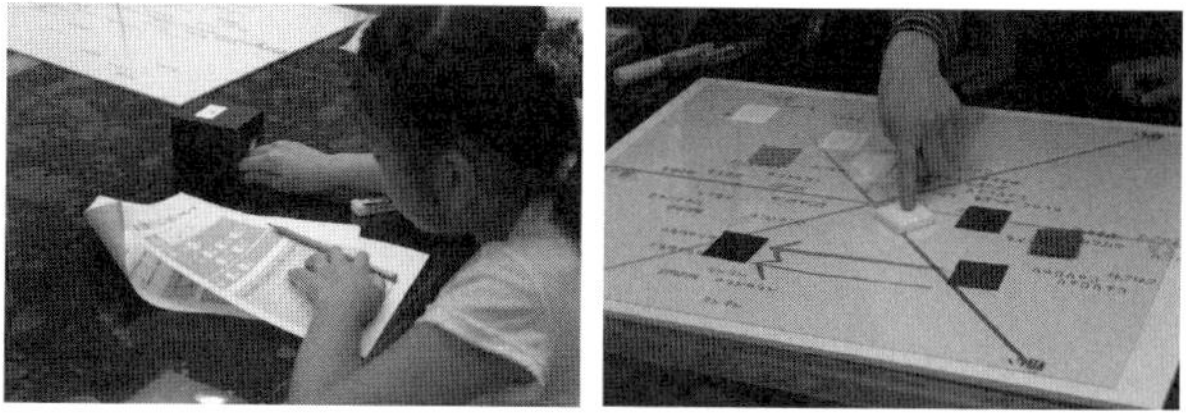

図４-７　ワークショップの様子

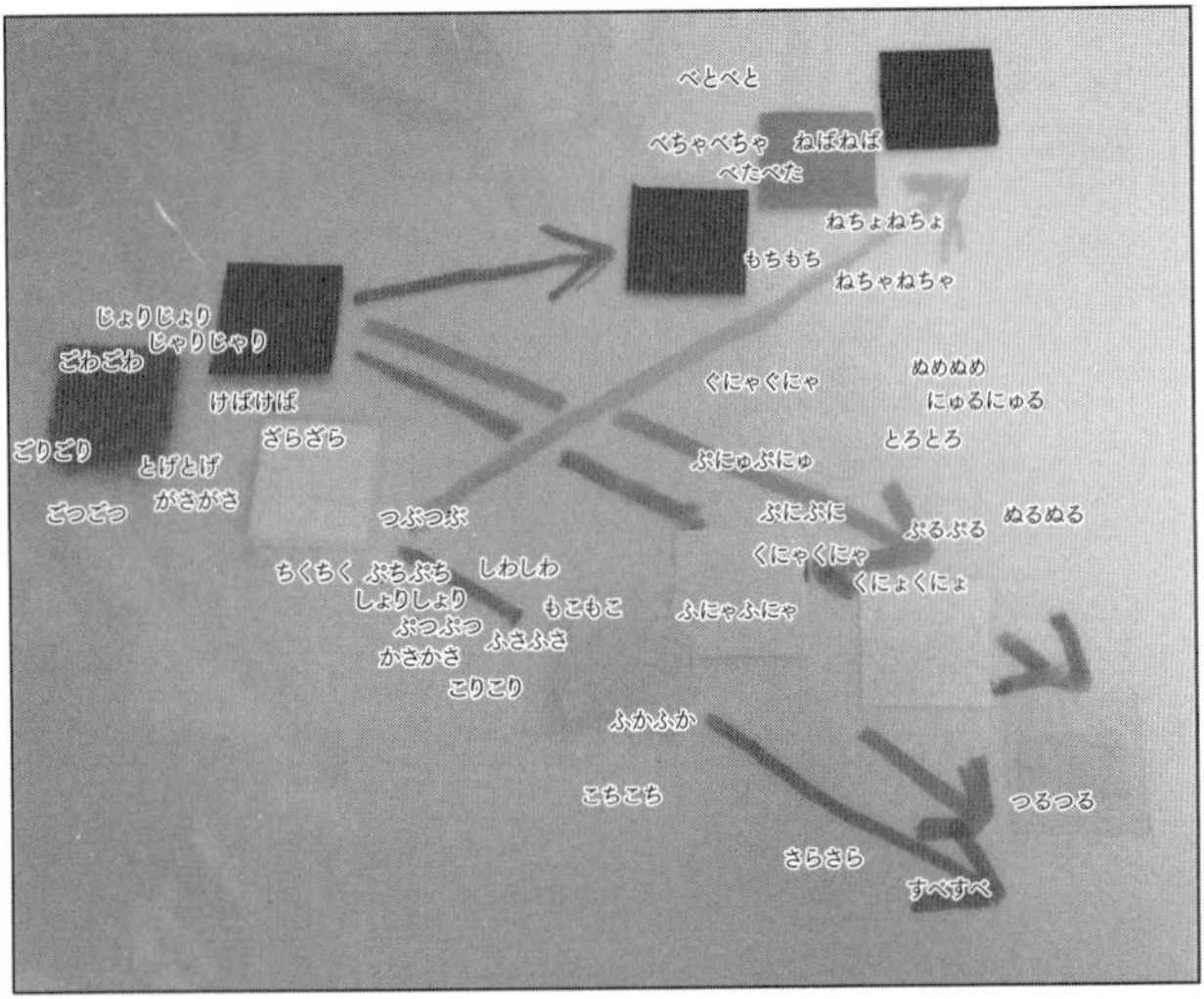

図4－8　素材の配置と矢印の例

れぞれのグループで図4－8にあるようなマップが得られました。その後、マップ上での矢印の傾向を参加者どうしで比較しました。

触相図の分析

ワークショップで作成された触相図を比較すると、いくつかの傾向が読み取れます。参加者が作成した触相図のうち四つのグループの素材配置と矢印の位置をイラスト化したものを図4－9a～dに示します。数字が素材の種類を表し、矢印一本は参加者一名の好き嫌いの方向を表しています。素材は、グループごとで多少違いはあるものの、ある程度一致した位置

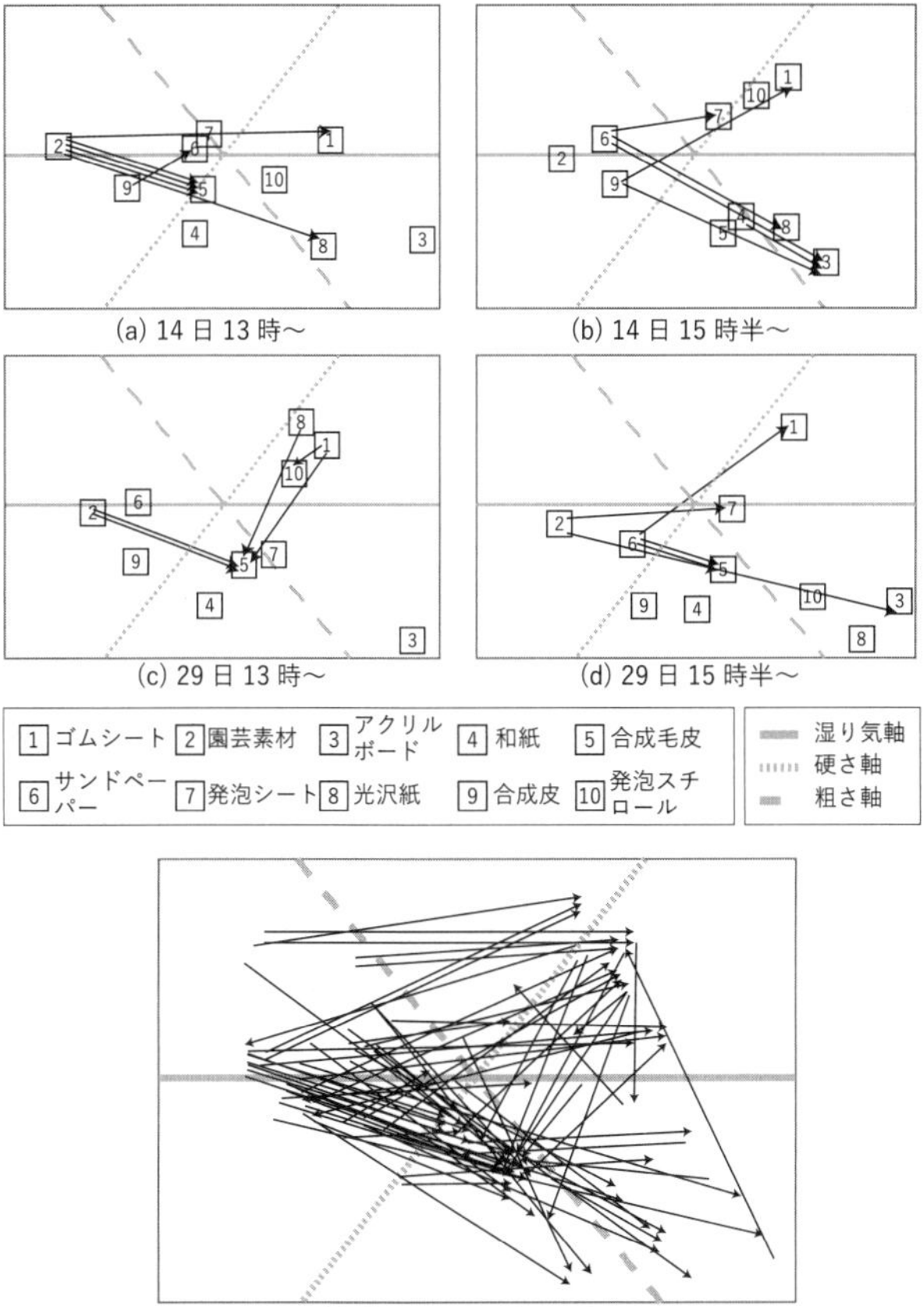

(a) 14日13時〜

(b) 14日15時半〜

(c) 29日13時〜

(d) 29日15時半〜

(e) 全員分の好き嫌いの矢印

図4-9　触相図をイラスト化したもの

に配置されていました。好き嫌いに関しては、合成毛皮（素材番号5）を好きとする参加者および、園芸素材（素材番号2）やサンドペーパー（素材番号6）を嫌いとする参加者が多数でした。図4-9eは、すべての参加者の矢印を重ね合わせたものですが、第二象限（触相図左上、硬く乾いた感覚イメージ）から第四象限（触相図右下、滑らかな感覚イメージ）へ向かう矢印が多く観察されました。この傾向は、これらの参加者が滑らか好きだということを表しています。また、第二象限から第一象限（触相図右上、軟らかく湿った感覚イメージ）へ向かう、軟らか好きの人の傾向も見られます。このように、触相図を作成することによって、個人個人の好き嫌いの違いを視覚化し、比較しながら論じることが可能となりました。

触れた感覚と音韻の結びつきから感じること

最後に、参加者からの代表的な感想を以下に記します。触覚に対して意識を向けると同時に、その言葉との関係性について言及するコメントが多くありました。本ワークショップは、実際の触素材に触り、その感覚をオノマトペとして声に出しながら、分布図上に接地させる試みでした。それは、各人が、触れた感覚と音の感覚の結びつきを確かめる行為でもありました。また、触相図上で、参加者おのおのの触り心地の傾向について、その共通点、相違点に向き合う時間を持ちました。これは、触覚においても、色や音のように体系的な感覚の分類が可能であること、そして、個人ごとの違いを含め、触感どうしの関係性を議論することが可能であることを示唆しています。

- 触り言葉や触り心地のマップをつくるのは大変だったけど、慣れてくるとおもしろいと思った。また、やってみたいと思いました。（一〇歳女性）
- 普段意識することのない触覚の感覚が鋭くなった。人によって感覚に差があり、その違いがとてもおもしろかった。（二〇代女性）
- 感覚の範囲と言葉の範囲を摺《す》り合わせていく作業が心地よく、満ち足りた時間でした。（二〇代女性）
- オノマトペは共同体の記憶の蓄積だなぁと思いました。（三〇代女性）
- 何気なく使っている言葉に、いろいろな要素（硬さ、大きさ、湿度、粘度など）が含まれているのがわかりました。（三〇代女性）
- 触れるということがこんなにも人の記憶とつながっていたり、人によって好みや言葉への置き換えにずれがあるとはびっくりしました。（四〇代男性）
- 言葉でありながら直感で感じるのが、右脳と左脳を同時に使うようで楽しかった。（四〇代男性）
- 何度も触ってみると微妙な差があって奥が深い。言葉で表現するのはさらに難し

く思いました。（四〇代女性）

- 触覚の残像を感じる（目で感じるのと似ている）。ざらざらしたもののあとにつるつるしたものを感じる。（五〇代男性）

（ワークショップ後の参加者アンケートより）

三　音象徴、触象徴

音象徴による感覚の表現

擬音語は、音韻（名称）と環境音を、音の類似性によって対応させた記号と考えることができます。擬音語における音韻と環境音の関係は、同じ感覚内の類像性（アイコン）によって指示のあり方が決定されているという点で、第2章で紹介した、手の上の触感によって鼓動の触感を指示する心臓ボックスに近いと考えられます（表4-2）。これらの関係性においては、音韻とそれが指し示すもの、触感とそれが指し示すものは、同じ感覚内のパターンとして比較されるため、その指示作用はすぐに認識されるでしょう。

一方で、「キラキラ」や「サラサラ」、「ネバネバ」といった擬態語の音韻は、音象徴によって聴覚以外の感覚と結びつけられています。音象徴とは、sound symbolism と

表4-2　音韻と触感の類像による指示

「ドン（/don/）」擬音語（音韻）	⇒	感覚の類像	⇒	ドンというさまざまな音（聴覚）
「周期的な振動」（触感）	⇒	感覚の類像	⇒	鼓動（触覚）

いう英語が示すとおり、音韻が聴覚以外の感覚と象徴性をもって結びつけられるものです。音象徴をもつ語は、音韻の組み合わせを少し変化させることで、連続的に変化する感覚を表現することができます。たとえば、「ネバネバ」に、「ネッバネッバ」「ネバネバー」と修飾的な表現を加えるだけで粘性の微妙な変化が表されます。このように日本語では、音象徴が体系的であるため、聞いたことのないオノマトペの意味を予測したり、新しいオノマトペ表現を創作することが比較的容易であると考えられます。

ちなみに、オノマトペではなく一般の語とその意味との関係について考えると、それは辞書によって恣意的に結びつけられているため、少しでも音韻が違うと、大きく意味が異なることになります。たとえば、「コマ」と「ゴマ」では、音韻的に似ていても意味は何の関係もありません。このように、一般的な語では、その関連づけをすべて学習する必要があります。ただし、その半面、自由に音韻を組み合わせて大量の語を創作することができるという長所もあります。

表4-3　音韻と触感の感覚を超えた象徴性

「サラサラ（/sarasara/）」（音韻）	⇒	音象徴	⇒	滑らかな触感のイメージ（触覚）
「柔らかい」（触感）	⇒	触象徴	⇒	やさしい（パーソナリティ）

触象徴

これまで、音韻とほかの感覚のイメージが結びつく音象徴については多くのことが調べられてきましたが、触感とほかの感覚のイメージが結びつく「触象徴（texture symbolism）」というような関係性は存在するでしょうか。「触象徴」という言葉は本書における造語ですが、その表すところを音象徴と比較しつつ記述にするために、ここではあえて使用したいと思います。

触感が何らかの原理に基づいて、触覚以外の感覚と象徴性をもって結びつくことがあるかと考えたときに、たとえば、硬い光、硬い音とあるように、触感から視覚や聴覚の感覚イメージの想起を考えることは可能であるように思います（もちろん、硬い対象に触れたときに、そのような光や音の感覚が生じるかは議論の余地がありますが）。また、そのほかにも、硬い性格、柔らかい性格といったパーソナリティに関する性質とも結びつくでしょう（表4-3）。このように、触覚においても何らかの象徴性が存在する可能性はありますが、これまで研究されることはほとんどありませんでした。

そこで私は、触象徴に関連する試みとして、静岡科学館る・く・る

（静岡県静岡市）で開催された「みる・きく・さわるのふしぎ展」（二〇一四年四月一九日～五月一八日）において、触感とパーソナリティを結びつける参加型の展示を行う機会をもちました。展示自体はシンプルで、参加者はカードに自身の名前とともに、自身の性格を表す触素材を貼りつけて自身の名刺（さわり心地名刺）を作成するというものです（図４－10）。

性格に合わせて触素材を選択するには、触感とパーソナリティのあいだに強い結びつきをもっていなくてはいけませんが、参加者の子どもたちは、自身の性格を触感によって表現するというはじめての体験にもかかわらず、何らかの確信をもって触素材を選んでいるようでした。このことは、私たちの感覚には何らかの触象徴が存在していることを示唆しています。ただし、音象徴で実現されている、音と音の組み合わせで新しい意味を創作できるような体系立ったものであるかはわかりません。そこで次章では、触感の象徴性やその組み合わせ理論について考察することにします。

＊「さわり心地名刺」の最新情報はＱＲコードから参照できます。
ＵＲＬ：https://socialwellbeing.ilab.ntt.co.jp/tool_connect_texturenamecard.html

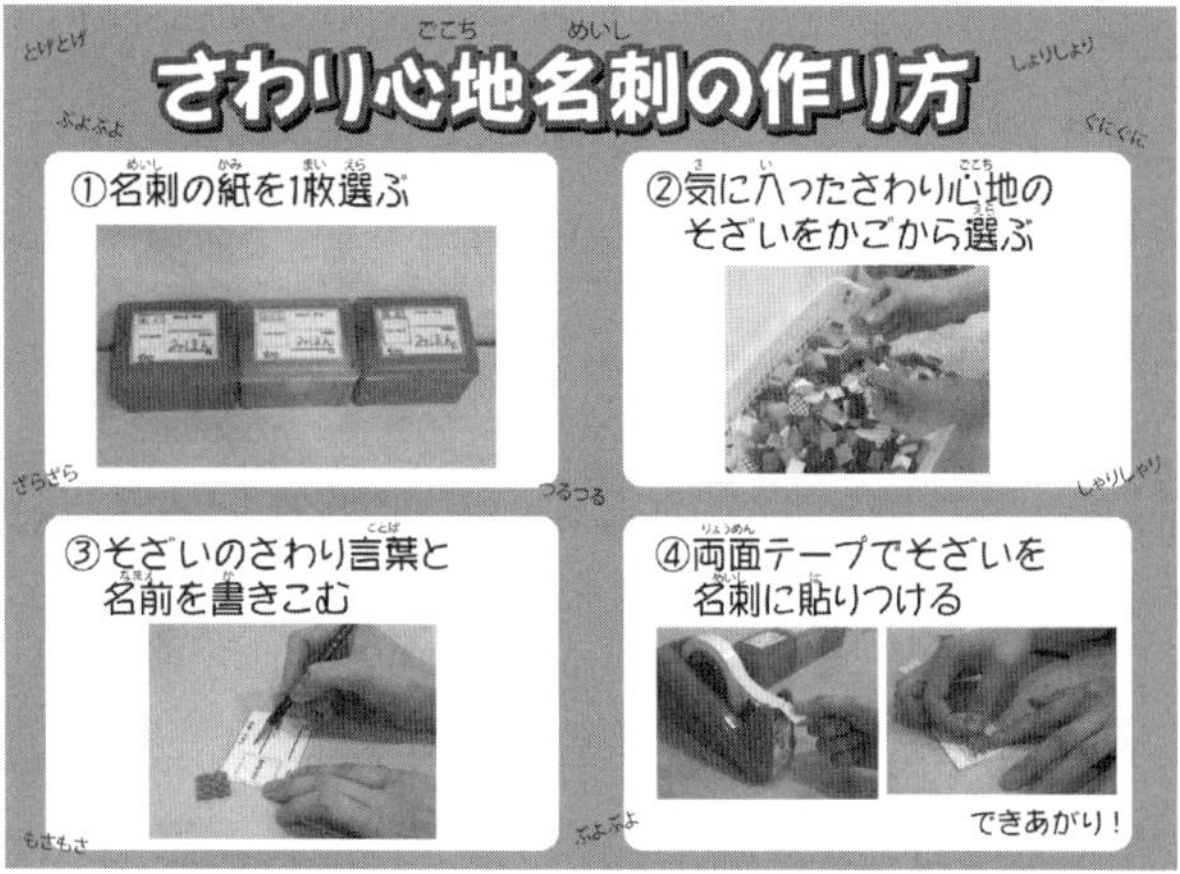

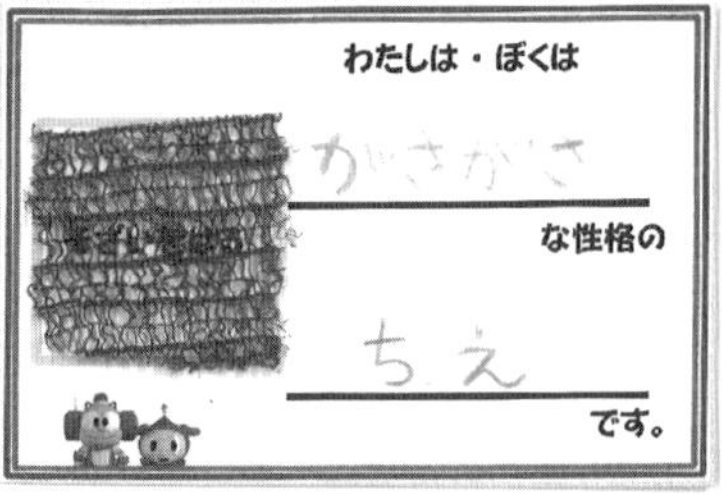

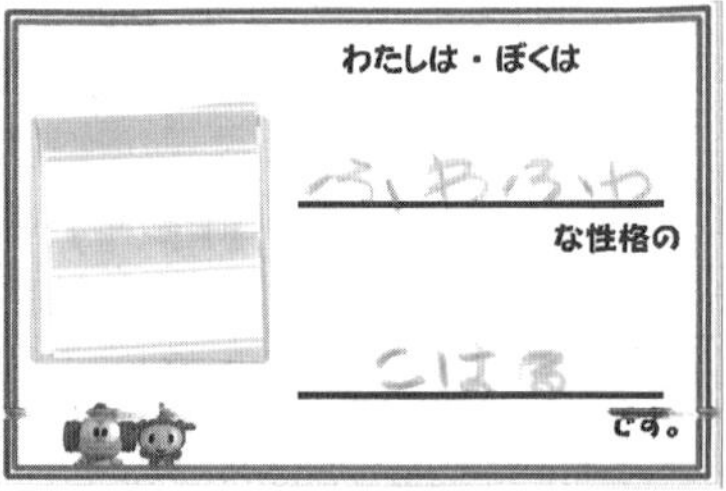

図 4 - 10　さわり心地名刺作成のインストラクションとさわり心地名刺の作成事例　静岡科学館る・く・る提供。

第5章

◉

触覚の文法

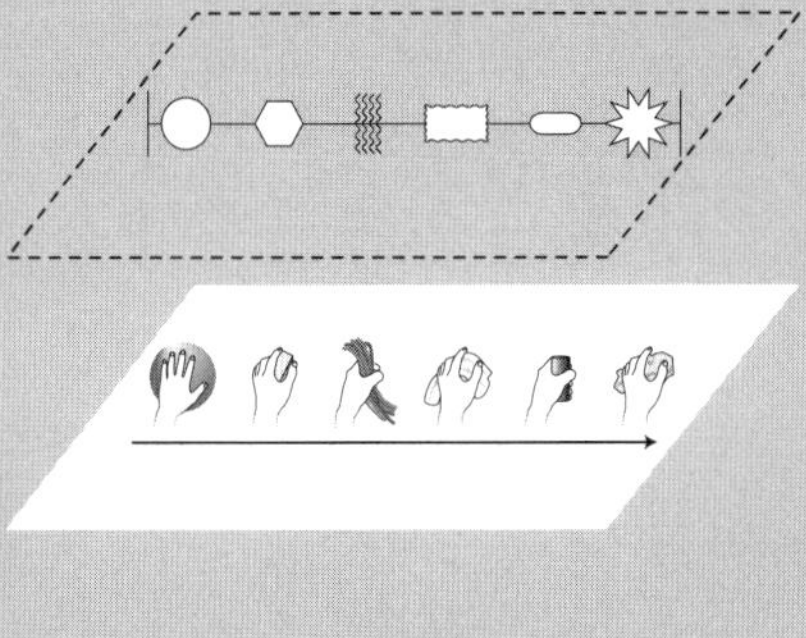

人間は、多様で複雑な環境を分節化して認知し、それに名前を付与することで、感覚を記号的に記述、操作しています。第4章では、感覚の「分節」と「名づけ（音象徴）」という視点から、感覚を表す語の特徴について述べました。松井茂氏の「音声詩」では、音韻がオノマトペ的に組み合わされ、既存の語彙に存在しない語で詩が構成されていても、ひとつひとつの音韻がもつ音象徴のイメージに基づいて、詩全体のイメージが生み出されていました。また、坂本真樹氏によるオノマトペの印象の定量化システムでも、オノマトペを構成する個々の音韻の音象徴の組み合わせによってオノマトペの印象が決定されていました。このような、音象徴に基づく個々の音韻のイメージを組み合わせて、これまでにない新たなイメージ、より複雑なイメージを生み出していくという方法論を、触感の象徴性（触象徴）に適用すると、触感の組み合わせによって、より複雑で豊かな感覚イメージを象徴的に伝えることも可能であると考えられます。本章では、すでに存在している音声や文字の言語獲得のあり方を参照しながら、触覚を分節化し、その組み合わせに対して新たなイメージや意味を付与するという、触覚を言語的に捉える試みについて述べていきます。

一　アブダクション

分節化と法則化

語彙の集まり、つまりは、分節化された対象とそれを指示する音韻の集まりそれだけでは、言語ということはできません。言語を学習するうえで、いくつかの対象と音韻のつながりを学んだとしても、それらの背後に語彙体系や文法といった語と語の関係性を学習しない限り、言語として操作することはできません。このような言語的な視点から、触感の組み合わせによるイメージの伝達を考えると、感覚をカテゴリに分ける分節化の認知能力以外に、分節化されたものを体系的に結びつけ、新たな原理を見いだす認知能力が必要になると考えられます。つまり、異なるいくつかのもの（語彙）のあいだに、何らかの体系の存在を想定する、ある種の法則化といえるような認知および推論の能力が必要になるということです。そのような認知・推論のあり方は、「アブダクション」（abduction、最良仮説形成）と呼ばれます。

推論の様式

「アブダクション」という言葉は、普段あまり耳にする言葉ではないかもしれませんが、第3章三節の記号分類についての記述で紹介したパースによって提唱された用語です。一方で、同じ -duction とつく推論の様式である、「演繹（deduction）」と「帰納（induction）」のふたつは、もしかしたら聞いたことがあるかもしれません。演繹とは、一般的な命題から具体的な命題の答えを導き出す推論の様式で、たとえば「質量のあるものは落下する」という一般的な命題から、「りんごには質量がある」よって「りんごは落下する」といった具体的な命題を導き出します。逆に帰納とは、具体的な命題群からそれらに共通する普遍的な命題を導き出す推論の様式で、たとえば「りんごも、みかんも、バナナも落下する」という具体的命題群から「果物は落下する」という命題を導き出します。アブダクションはこれらふたつのうちでは帰納に近いと考えられますが、いくつかの命題群から、そこには顕在化していない現象の存在を推定したり法則を導き出す推論の様式です。たとえば「りんごも、石も、雨も落下する」という命題群から、その背後に「万有引力が存在する」という法則を推論します。つまり、いくつかの事象からそれらをつなぐ背後にある法則や因果律を選択的に取り出し、その法則を見いだす推論の様式で、科学的発見や創造的思考、さらには言語獲得においても重要な役割を果たすとされています。

　このような推論は、実際に感覚として感じることができる具体的な対象から、直接は感じることができない背後の体系を推測するもので、第3章三節にあったインデックスによる対象の指示とも関連していると考えられます。インデックスは、そのものを直接指示するのではなく、記号と指示対象が物理的（もしくは因果的）に結びつけられたもので、足跡から誰かがそこを歩いたことを指し示すような指示のあり方です。そして、インデックスの背後にある体系を推論することはアブダクションの思考形式であると考えられます。たとえば、探偵が断片的な犯人の痕跡を集積し、それらを結びつけて、一貫したストーリー（犯人の意図）をつくり出すという推論はアブダクションといえるでしょう。そして重要なことは、いくつかの現象から、それらをうまく説明する法則を半自動的に見いだすアブダクションは、人間に元来備わった認知能力であるということです。次にアブダクションと触感によるメッセージ伝達の関係について考えてみましょう。

触覚の文法とマッサージ

これまで、触感のみによって何らかのメッセージを伝えるという試みはほとんど行われていません。しかし、本書の目的のひとつでもありますが、触覚によって情報伝達やコミュニケーションを豊かにするうえでは、触覚の伝達を超えた、触感の分節化およびその組み合わせの法則（文法）、さらには、触覚の言語性についても考える必要があります。感覚に生じるいくつかの触感に対して、何らかのメッセージ（感覚イメージや意図、物語）を感じ取るためには、個々の触感の触象徴とともに、それらの背後に何らかの法則が存在するという認知が必要となるでしょう。

もし、あらゆる触感の組み合わせを用意し、その組み合わせに対して言語的な体系を考えていこうとすると、組み合わせの数から考えても、とても困難な作業になります。しかし一方で、すでに触感の組み合わせ原理に関する実践的な試みも、日常の中では行われています。それは、マッサージです。マッサージは、筋肉や血流に働きかける側面だけでなく、他者に連続的に触感を与える行為でもあります。そして、気持ちよいマッサージ、気持ち悪いマッサージのように、感覚に関する良し悪しは確実に存在しています。そう考えると、マッサージの原理を考えることで、触感の組み合わせに関する文法のひとつを見いだすことができるのではないでしょうか。

これまで、音韻を利用した一般の言語でも、個々の音韻がまずあって、それを組み合わせて言語が発達したと考えるのではなく、一定の音韻の連なりである歌から言

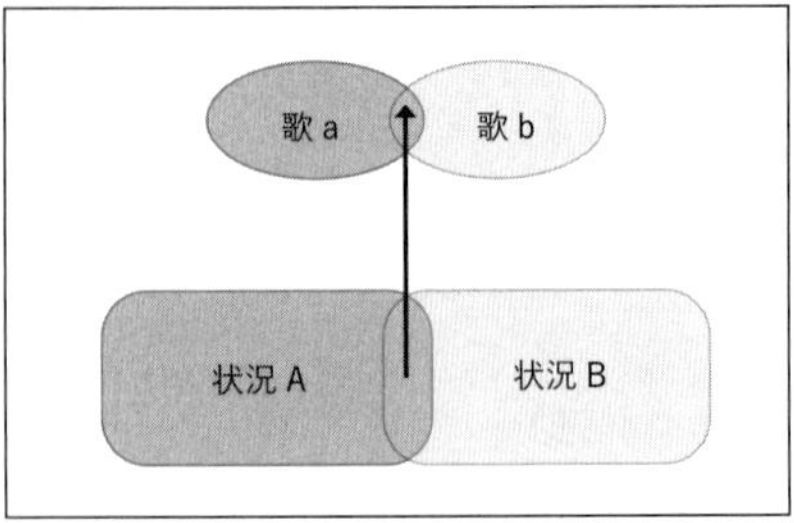

図5-1　状況と歌の共通点

語が生まれたという説もあります。つまり、ある状況Aで歌った歌aと、ある状況Bで歌った歌bを比べたときに、状況Aと状況Bの共通の状況を指すものは、歌aと歌bで共通に使用されている音韻であると考えられ、それが切り離されて単語になるということです（図5－1）。そのように考えると、マッサージは、触覚の歌に相当するものであると捉えることも可能であり、そこで、マッサージを分析することで、触覚の組み合わせの文法に当たるものを抽出できないかと考えました。次節では、「触譜」というマッサージの時系列を記録する記号表現をもつ、ファセテラピーというフェイシャルマッサージを取り上げ、触感の組み合わせ原理（触覚の文法）について述べたいと思います。

二　触譜で表されるマッサージ

差異を生み出すファセテラピーマッサージ

ファセテラピー（Face Therapie）とは鈴木理絵子氏（株式会社ファセテラピー）が考案し、一九九三年にエステサロンを開業、鈴木泰博氏（名古屋大学）とともに研究、発展されているフェイシャルマッサージです。私は、二〇一一年よりお二人と一緒に、触感のデザインやその組み合わせ原理について研究を進めています。

ファセテラピーは、フェイシャルマッサージのひとつではありますが、通常のマッサージのようにリンパや血液の流れ、筋肉の状態に対して物理的に働きかけることを施術の主たる原理としていません。このマッサージの興味深い特徴は、感覚イメージを喚起する触感の連なりを与え、マッサージを受けた人が、絵画鑑賞、音楽鑑賞のように触感を鑑賞することで、触覚の感覚（および皮膚）が活性化されることを施術の原理としている点です。絵画は色の空間的な配置によって生み出され、私たちはそれを見たときに美しいと思ったり、心を奪われたりします。同様に、音楽は音の時間的な配置によって生み出され、人の心を動かします。そうであるならば、触感の空間的、時間的配置によって、触感の連なりを美しいと感じ、それによって心動かされるような体験が生じるのではないかということです。そして、ファセテラピーでは、触覚を活性化するような触感の連なり（手技の組み合わせ）に関して、経験に基づくノウハウがすでに存在しています。

理絵子氏によると、マッサージにおいて何よりも大事なのは、いくつかの触感の連なりによって、要素の違いを相手に伝えることであるそうです。触感は相対的に感じられるもので、前より硬いものに触れると前のものが柔らかく、あとのものが硬く感じられます。マッサージにおける圧力も同様で、ずっと同じ圧力で触り続けると圧力を感じなくなりますが、力を抜いて触っているときにグッと力を入れると、より強く圧力を感じます。圧力だけでなく、速度などさまざまな要素に差異があり、その差異の連なりから表現が生まれるのだといいます。また理絵子氏は、マッサージにおいて「柔らかさ」を表現することと、柔らかく触れることは異なるという、とても重要な指摘をされています。

　触覚で「柔らかさ」を表現しようとするとき、普通ならば柔らかく触るだけでしょう。しかしそうではなくて、まっすぐ触れるところを、一回手のひらを閉じて、広げ、また閉じるように触れ、閉じているときは圧力をかけ、触れるときに緩くすると「柔らかさ」が出てきます。柔らかく触れることと「柔らかさ」を表現することは違うのです。ツルツルという触感も「ツルツル」の触り方（表現）であるので、剣山であっても触り方によってツルツルになるのです。

（著者によるインタビューより）

「剣山であっても触り方によってツルツルになる」という指摘は、極端な話に聞こえるかもしれません。しかし触感のイメージをつくるうえでは、触感そのものよりも、触感の差異が情報となるということであり、その特徴を強く印象づける言葉です。そもそも触覚は、差異に敏感な感覚です（お風呂や服の肌触りは触覚が生じた瞬間以外、ほとんど感じることはありません）。そのため、差異によって関係性が決定されるというのは、触覚の特性に合った原理のように思います。またこのことは、第1章で紹介したベイトソンによる情報の定義「差異を生み出す差異」を思い起こさせます。このように、触覚では、差異によって触感のイメージが生じ、そこに触象徴が組み合わされてメッセージが生まれると考えられます。

触譜

ファセテラピーのもうひとつ大きな特徴は、施術を記述するために、楽譜の記法を参考に構築された「触譜《しょくふ》」が存在することです。これによって、触感の時系列の変化を記録することができます。そのためファセテラピーの手技の原理が記述された触譜は、触感の組み合わせ原理を考えるうえで参考にすべき、重要な設計図なのです。

触譜は、理絵子氏が施術の仕方について考えていたときに、自分の手の動きの要素を書き出してみたところから始まりました。触譜の例を図5－2に示しますが、基本的には、五線譜と音符、その下の文字によって構成されています。五線譜の音の高低がマッサージの圧力に対応します。原則として五線譜の第三線を「基本の圧力（大切なものを把持するときの圧力）」とし、そこから上向するに従い圧力が弱くなり、下

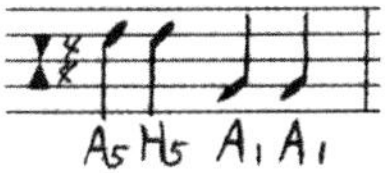

図5-2　触譜の例　鈴木理絵子氏提供。

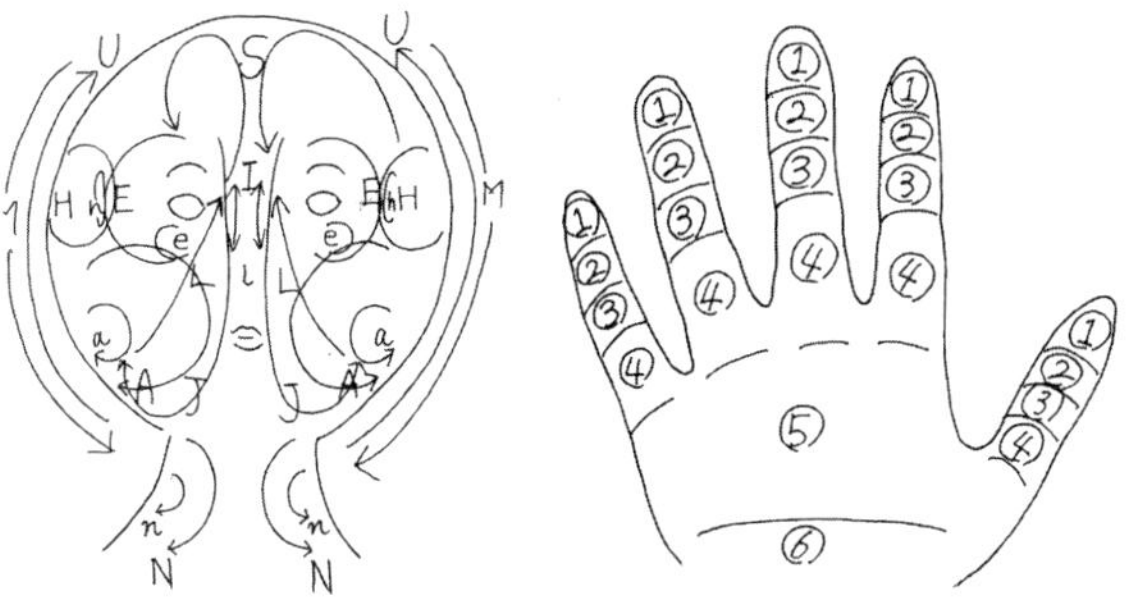

図5-3　マッサージされる顔面の部位の記号（左）とマッサージで使用する手の部位の記号（右）　鈴木理絵子氏提供。

向するに従い圧力が強くなります（五段階）。この圧力は、物理的な力の大きさによって決まるのではなく、施術者個人の中で相対化されています。つまり、施術者個人の中で差異があればよいのです。

また、マッサージのリズムは音符によって表現されます。たとえば、あるマッサージの手技が二分音符で表現される場合、同じ手技が四分音符で表現される場合に対して、二倍の時間をかけて施術が行われます。音符の下にあるアルファベットと数字は、それぞれマッサージを行う顔面の部位と手の動き（図5-3左）、それに使用される手の部位（図5-3右）を表しています。図5-2は、同じリズムで行われる四つのストローク（手の動き）を表し、（1）両頬を掌で軽めの圧力で丸くマッサージし、（2）掌で目尻を軽めの圧力で丸くマッサージし、（3）（4）指先で両頬を強めの圧力で丸くマッサージする（二回行う）となります。（1）と（2）では、部位の差異が生じ、（1）（2）と（3）（4）のあいだでは圧力の差異が生じています。

このように、譜面が存在することで、どのような手技がどのような手順で行われていて、その時系列でどのような差異が生まれているのかを事後的にも検証することが可能になります。次に、ファセテラピーにおいて、それぞれの手技に対して施術者がどのようなイメージをもって施術をしているのか、そして、それらがどのような順序で提示されているのか、マッサージの触感の関係性を分析し、可視化してみたいと思います。

マッサージの分析

第4章でオノマトペの分布図を構成したときに、はじめに触覚オノマトペを抽出したように、まず理絵子氏に、マッサージを構成する基本的な手技を挙げていただきました(四二種類)。基本的な手技とは、触譜において音符ひとつで表現され、その組み合わせにより、あらゆるファセテラピーマッサージが再構成されるひとつひとつの要素です。ただし、組み合わせが煩雑になるため、施術を行う際の圧力の強弱と、施術部位の違いに関しては区別しませんでした。次に、基本的な手技を評価するための形容詞対を九つ決定しました（柔らかい―硬い、大きい―小さい、揺らぎある―安定した、触れられる皮膚が凸―触れられる皮膚が凹、包む―突く、消えるような―残るような、鋭い―鈍い、解放する―抑制する、重い―軽い）。

分析では、理絵子氏に、四二の基本的な手技すべてに対して、手技を行う際に抱くイメージを九つの評価項目に関して回答してもらいました（各項目一―三段階）。四二の手技それぞれに対して九項目の評価値が得られることになりますが、オノマトペの関係性を可視化したように、評価値に対して主成分分析（四二の手技の関係を少ない次元でわかりやすく見せる計算）を行いました。その結果、手技を分類する第一の成分は、「柔らかい」、「大きい」、「揺らぎある」、「触れられる皮膚が凸」、「包む」といった手技を行う際の手の形に関する項目と関係していました。第二の成分は、「消えるような」、「鋭い」、「解放する」といった、圧力の時間変化に関する評価項目と関連していました。第三の成分は、「重い」の項目が比較的高い関連がありました。これは、九つの項目で評価したものが第一、第二、第三主成分の三次元に変換されたということになります。

また、四二の手技を九つの項目の評価値に基づき、階層的クラスタリング（似た評

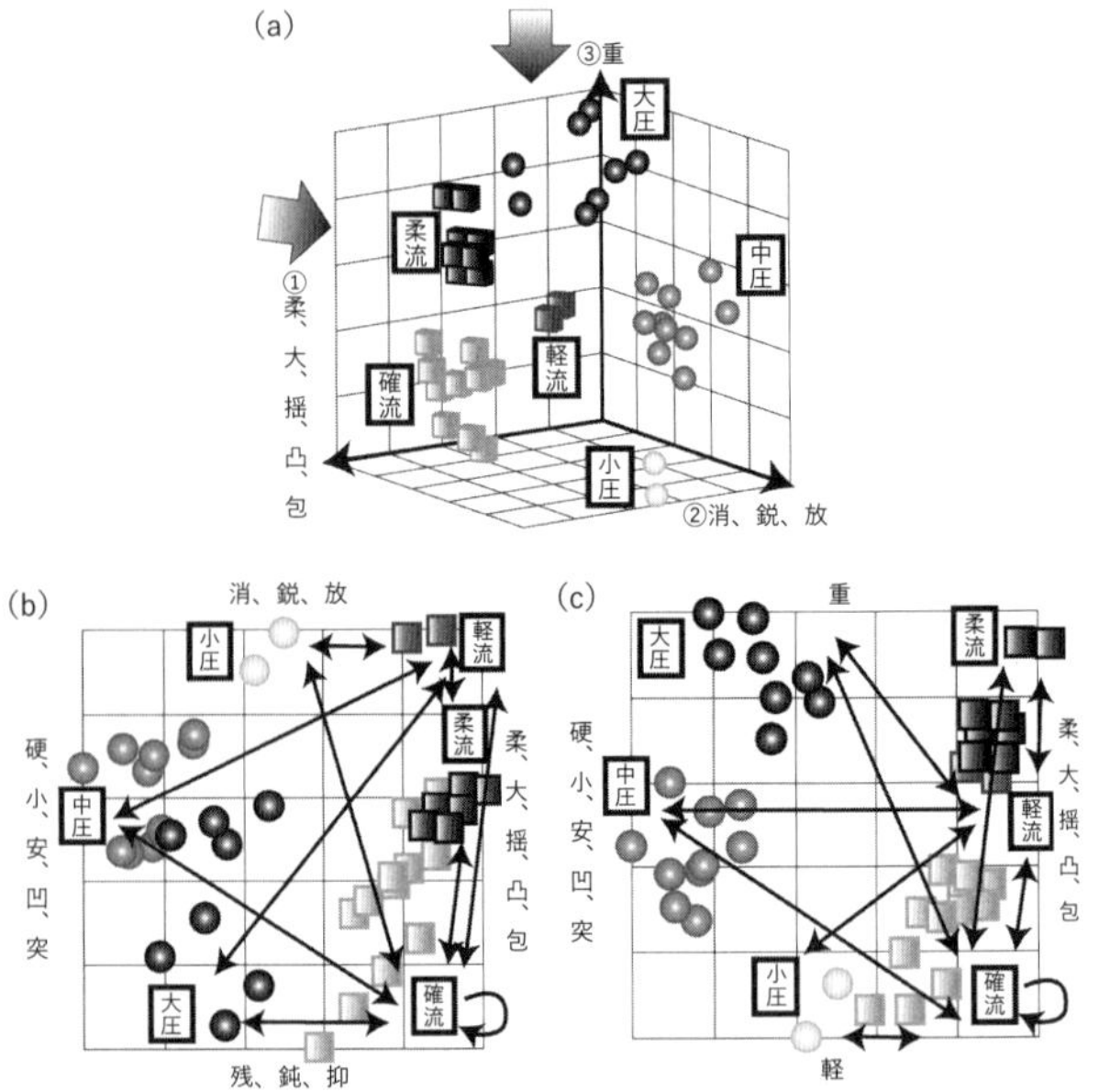

図5-4　a：基本的な手技の三次元での分類、b：第一主成分（X）と第二主成分（Y）による可視化（図5-4 a上部の矢印からの視点）、c：第一主成分（X）と第三主成分（Z）による可視化（図5-4 a左奥の矢印からの視点）

価値をもつデータをまとめていくつかのグループに分ける計算）を用いて六つのグループに分類しました。六つのグループを図５－４ａのような三つの主成分値で構成される立体空間に可視化しました。また、その第一主成分と第二主成分で構成される平面（図５－４ｂ）、第一主成分と第三主成分で構成される平面（図５－４ｃ）を合わせて示します。

基本的な四二の手技をクラスタリングした際、はじめに大きくふたつのグループに分かれましたが、それらについて理絵子氏に施術者のイメージとしてどのような違いがあるかと質問したところ、指圧的な手技（図５－４で「～圧」と記されている）と顔の表面を流すような手技（「～流」と記されている）のふたつに対応するという回答を得ました。グループ名はその特徴に基づいて名づけられています。また、それぞれの代表的な触譜を図５－５に示します。

指圧的な手技は、おもに図５－４ｂ、ｃの第二、第三象限（左半分）に分布し、硬く小さい、突くような手技です。その中で、掌の根元で強く安定した力をかけるものを「大圧」、指先で力をかけるものを「中圧」、指先だけで小さく瞬間的な圧力をかけるものを「小圧」としています。また流すような手技は、おもに図５－４ｂ、ｃの第一、第四象限（右半分）に分布し、柔らかで大きな面積、包み込むような手技です。その中で、軽い力で安定して流すものを「確流」、やや強めの力で流すものを「柔流」、

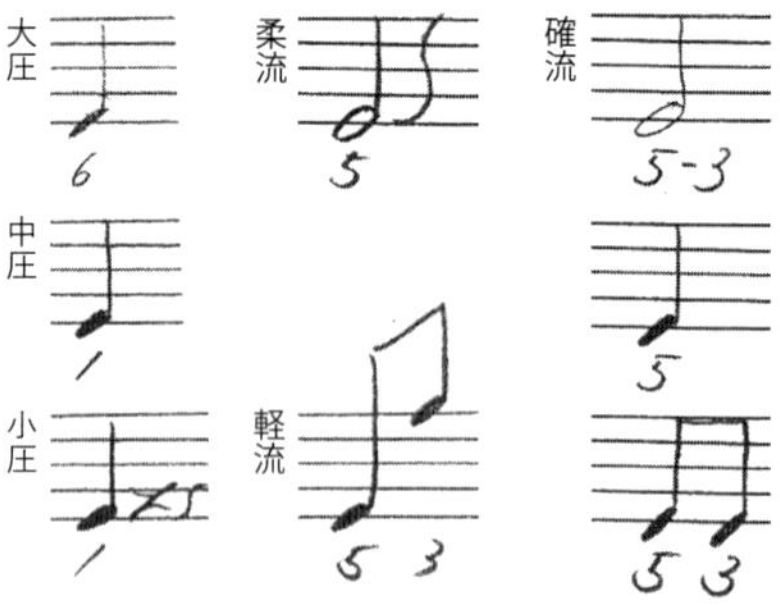

図5-5　各グループの代表的な触譜　確流は3つ示す。

やや軽く揺らぎをもって流すものを「軽流」としています。

次に、効果的なマッサージを行うときに、それぞれのグループの手技に続いて、どこのグループの手技が行われるのか、手技の遷移順序の傾向について調べました。理絵子氏には、四二の手技それぞれから遷移可能な手技をすべて書き出してもらいました。グループ間の遷移の有無を図5-4b、cの矢印として示しています。「大圧」と「中圧」からは、「軽流」もしくは「確流」へ遷移するもののみであり、これらは第一主成分の軸上（手の形）を変化させる遷移です。また、「小圧」から「確流」へは、第二主成分の軸上（圧力の時間変化）を変化させる遷移となります。「確流」と「軽流」は、どのグループにも遷移可能であり、これらの手技は触感の遷移において基本をなす手技といえるでしょう。「柔流」は「軽流」と「確流」のみに遷移するもので、指圧的な手技と結びつくことがない手技でした。このように、手技の種類によって、直接遷移できる関係性と、ほかの手技を経由しないと遷移できない関係性があることが確認されました。何らかの目的を実現するための手順を定式化したものを「アルゴリズム」といいますが、これは、ファセテラピーのマッサージには明確な形でアルゴリズムが存在しているということを示しています。

リズム、繰り返し、パターン

マッサージのグループ間遷移を見ると、手の形（空間的要素）に変化をつけたり、持続か解放か（時間的要素）に変化をつけたり、何らかの差異をつくり、それを行ったり来たりして、リズムをつくりながらマッサージを構成しているということがわかります。さらに、長い時間スパンでの触感の組み合わせについて、理絵子氏に伺ったときにあがったキーワードは、「リズム」、「繰り返し」、「パターン」でした。

マッサージは、音楽に合わせて手拍子をするように、触感を加える際に必ず一定のリズムで拍子をとって行われます。また、Aという触感の差異をテーマにしたら、必ずAAと二回以上繰り返すのだそうです。何かを二回以上繰り返すということは、それが何か特別なもの（偶然ではないもの）であることを示すとともに、それぞれの触感の差異を十分に理解する時間を与えているといえます（オノマトペの多くも同じ音韻を二回繰り返します）。ただし、AAという触感の差異を加えて、さらにBB、CC、DDと異なる触感を次々と加えるとマッサージとして成立しなくなり、「デタラメに、むちゃくちゃに触れられている感じを与えてしまう」そうです。ＡＡＢＢＡＡのように触感の差異を循環させると、触感の物語性を感じられるようになるといいます。そしてもうひとつ、人はパターンに関して敏感であるため、ＡＡＢＢ―ＡＡＢＢ―ＡＡＢＢ―と同じパターンを繰り返すのではなく、ＡＡＢＢ―ＢＡＡＢ―ＢＢＡＡ―ＢＢＢＡ―というようにパターンを少しずらしてやると、より触感が鑑賞できるようになるということでした。

ここで、理絵子氏へのインタビューから「作触」（マッサージの触感の提示順序や組み合わせをデザインする行為）をめぐる言葉を引用しましょう。この中で「テクスチャー」とあるのは、ひとつの「触感の差異の単位」と考えてください。

テクスチャーの順序は「なんとなくこういうものができちゃった」ではなくて、どういうものを表現したいからこのテクスチャーがここにあるということが大事です。料理で、メインから出したら前菜の意味がなくなってしまうように、テクスチャーも順序が入れ替わると意味がなくなってしまいます。規則性をともなった複雑化は触覚の豊かさをつくり出しますし、触覚にも知性があって、触覚の言葉として話しかけることで感覚が磨かれます。触覚のイメージをつくり、触覚をとおして人の心に話しかけることで、単純に人の皮膚を押すというレベルから、もうひとつ奥の感覚にアプローチできるということです。ルールに基づいてマッサージをつくるようになると、言語性といったらヘンですけど、ある種の言葉が生まれてくる感じがします。

ファセテラピーマッサージでは、最少でふたつの触感によって「柔らかい」「硬い」といった触覚的な差異が生み出され、それが触象徴的にイメージを生み出します。さらに、その差異の時間的な関係性に着目して触感の組み合わせ原理が構築されています。私たちは、異なる時間に加えられたいくつかの触感をひとつの流れの中に認知することで、そこに何らかのイメージもしくは意図、感情を感じることができます。この背景には、複数の触感の差異の時間変化の中に、何らかの原理を見いだそうとするアブダクションの能力を、マッサージを行う側と受ける側の両方がもっているということがあるでしょう。

三　言語的世界認識

記号、解釈、対象

ファセテラピーマッサージでは、触感をどのような場所に、どのような時系列で提示するのかを譜面（触譜）によって記録、伝達しています。触譜自体、楽譜を参考に生み出されたものであるということもありますが、楽譜と触譜には多くの共通点があります。どちらも、音や触感を生み出すための記号が時系列的に示されたものであり、それが再生者（演奏家やセラピスト）によって読まれ、実演されることで、物理的な実体をもった対象（音や触感）が生み出されます。また、譜面は物理的な対象を直接的に指し示すのではなく、再生者の中での差異を指し示しています。楽譜は音の物理的な強さや波形を絶対的に決定しているわけではなく、同じ楽譜でも異なる楽器で演奏すれば、物理的には異なる音が発せられるでしょうし、演奏する人によっても個人差があります。同様に、同じ触譜でもセラピストが異なれば、基準となる力のかけ方や速度も異なるでしょう。つまり、譜面上の記号（視覚的な差異）は、ある再生者に対して差異を生み出す情報（それぞれ異なる音や触感を生み出す指令）として解釈され、結果として、一連の音や触感が生み出されます。このように、譜面による記録や伝達は、譜面（記号）と、再生者（解釈）、音や触感（対象）の三者の関係によって捉えることができ、これまでの言語記号（社会情報）に関する記号、解釈、反応の議論にのっとって考えることができます。

また、このような関係性は、解釈の主体がコンピュータである場合にも成り立ち、記号はコード、もしくはプログラムと呼ばれます。この場合、画面上の画像・映像、三次元プリンターによってつくられる立体などが対象となります。このように、コンピュータにおけるコードという指令と、そこから生み出される形（フォーム）は、記号と解釈、対象という視点からも捉えることができます。そして、さらにこのような関係性は生命過程の解釈にも適用されています。生物哲学者ジェスパー・ホフマイヤー（Jesper Hoffmeyer、一九四二〜二〇一九）が述べるように、遺伝子を生命を生み出す譜面（記号）と考え、それが受精卵（解釈）に読まれ、再生されることで、身体（対象）がつくり上げられると考えることもできるのです。

アブダクティブな世界認識

もし、あらゆるものが言語的に解釈可能であると考えるのであれば、逆に、すべての物理的な実体をもつもの（対象）に対して、その譜面（記号）、もしくはその譜面の意図を想定することが可能です。たとえば、演奏されている音楽を聴くときに、その譜面自体を再現することはできなくとも、それがある作曲家によって一貫した意図をもってつくられたものであることを了解し、その音の時間の流れの中に何らかのメッセージ（イメージや感情、物語）を読み取ることができます。もちろん、作曲者の意図がすべて正確に伝わるということはありませんが、どのようなメッセージなのかはわからないけれども、それが「存在している」ということは感じとることができます。これは、音の連なりの背後に何らかの原理、意図を想定するアブダクティブな心の働きが存在していることによるともいえます。そして、触感についても同様の議論が可能で、十分に設計して作触された触感の連なりに対しては、その向こうに作触者の何らかの意図を想定してしまうこともあるでしょう。

このように、アブダクティブに森羅万象を見ていくと、そこに新しいイメージをつくり出すことができ、日常の一見関連のない出来事に対しても、何らかの原理を想定することで、その背後にあるメカニズムに気づくことができるようになると考えられます。

†

◆第4章と第5章のまとめ◆

人間は、自分にとって価値がある感覚パターンを選び出し、カテゴリ化し、それを名づけ、記号として認識します。感覚を表す主要な記号であるオノマトペには、その音韻とそれが指し示す感覚パターンとのあいだに、音象徴と呼ばれる恣意的でない関係があり、それに基づくと、語彙にない音韻の組み合わせであっても、何らかのイメージや感情を伝達することができます。同様に、触感においても、触象徴を仮定するならば、触感の組み合わせによって、何らかのイメージや感情を伝達することができるでしょう。実際、ファセテラピーマッサージの分析から、触象徴の原理やその組み合わせ理論の萌芽を見ることができます。

また、触覚は直接対象に接触する感覚であり、触感が存在すること自体が対象の存在を指し示すものともいえます。やや極端な議論ですが、その存在の感覚に対して、感情や意図を読みとろうとしたり、さらには、個々の対象の背後に、それらを存在させている何らかの体系（世界の法則）を見てとることも可能でしょう。このように、アブダクション、つまり、感覚の連なり自体を何かを指し示す情報として見る、さらには、それらが何かのひとつの原理に基づいて生じているのではないか、と最良仮説を立てること（感覚の世界を言語的に見ること）は、感覚の新しい意味や、新しいコミュニケーションのあり方、世界の新しい見方を生み出すことにつながるのです。

終　章

◉

情報社会をいきるための感覚のリテラシー

本書では、身体に深く根差しつつも記号性を有する感覚のあり方という意味で、「触知性」をキーワードに、触覚と情報の関係について実践例を交えて述べてきました。第2章、第3章では、「情報理解や情報伝達における触覚の役割」をテーマとして、記号を自身の身体的な体験と結びつける力や、メディアがもつメッセージを感じ取る力が、記号や言語の意味理解・伝達において重要な役割を果たしていると述べました。第4章、第5章では、「触覚による意味の伝達」をテーマとし、音韻における象徴性を手掛かりに、触感の象徴性とその組み合わせ原理について議論しました。

†

現代社会は、かつてないほど情報があふれています。しかし、そのほとんどは、今の自分とは関係のないこと（他人事）です。どこかで火事が起きても、殺人事件が起きても、それが自分に関係することはほとんどありません。そのため、日常においては、すべてのことを一から自分で体験的に理解、判断する必要はなく、情報を記号的に扱い、自分の外の判断基準に照らし合わせて分類、判断（外的なルールによるカテゴリ分類）したほうが効率的です。しかし一方で、それに慣れてしまうと、自分が本当に情報を判断する主体として行動しなくてはいけない非常時において、情報を適切にとらえることができなくなってしまうかもしれません。他人事だった世界は何の前触れもなく自分事になりえます。たとえば、地震であったり、放射能の事故であったり、自分の生命に深く関わるような情報がテレビ画面の向こうに現れたとき、それは他人事ではなく、明らかに自分事となりますし、そのような状況では日常信じていたものを疑い、もう一度、その状況にあったルールをつくり直す必要があります。

私も、二〇一一年三月、東日本大震災が起きたときには、今まで他人事だと思っていたさまざまなことが、突然、自分事として現れてきました。倒壊する建築物、津波、放射能の危機……今まで本でしか読んだことのない世界、映像でしか見たことのない世界がそこにはありました。そんなときにこそ必要だったのは、情報へ過剰に反応したり、大丈夫だろうと根拠もなく何もしなかったりすることではなく、情報への適切な感受性や情報に対する想像力、瞬発力でした。

もちろん、非常時はいつまでも続くわけではなく、いつか日常がやってきます。人は、どんな環境においても、さまざまなものの背後に新しいイメージを見いだし、新たな原理を発見するアブダクティブな世界認識の能力をもっています。状況が変わっても生活の中にルールをつくり出し、それにのっとって生きていくでしょう。そうすることで、情報を記号的に処理し、生きるうえでの判断の負荷を少なくすることができます。

私たちが生きていくうえでは、ときに体験的な理解、情報を判断する主体に立ち戻りながら、継続的に世界のルールを発見、更新していく能力を磨くことが重要となるでしょう。

†

私は、触覚やメディア技術の研究を行うとともに、それらの研究成果を一般の人にも体験してもらう機会を多くもってきました。研究成果を科学館や美術館で実際に体験できるような形態で展示し、ときには、ワークショップを行うこともありました。そこで私が感じたことは、新しいものの考え方や価値観を実際に自分事として体験してもらうことが重要であるということ、そして、それを心に定着させるには枠組み（技術やアルゴリズム）が必要であるということです。身体に根差した主体的な体験でありながら、それが他者にも伝わる普遍性をもつためにはどのようにすればよいのか。そんなとき、触覚という感覚は、記号化されたものを身体的に感じる、記号を受肉させる感覚といえ、そして、触覚から記号を生み出すことは、身体に根差しつつも他者と共有できる知恵を新しく生み出す営みであると考えられます。これから私たちに必要なのは、触覚と情報の関係性の探求とその実践の体系であるといえます。現在のところ、まだこのような「触覚情報学」ともいえる学問分野は存在していませんが、本書がその端緒となれば幸いです。

二〇一四年一〇月記す

補　章

◉

触覚情報学による「わたしたち」のウェルビーイング

私は、二〇一四年の単行本発刊以降、触覚情報学の研究を継続しながら、多様な感覚世界とテクノロジーの関わりについての著作、『情報環世界』（二〇一九年）、『表現する認知科学』（二〇二〇年）、『見えないスポーツ図鑑』（二〇二〇年）や、ウェルビーイング（それぞれの人のよく生きるあり方）に関する著作、『わたしたちのウェルビーイングをつくりあうために』（二〇二〇年）、『ウェルビーイングのつくりかた』（二〇二三年）を発表してきました。つまり、触覚という誰もがもつ感覚を起点としながら、新型コロナウイルス感染症という環境が激変する時期を経て、それがどのようにテクノロジーと関わり、どのように「わたし」だけでなく、「わたしたち」のウェルビーイングに資するのか、試行錯誤を続けてきました。ここでは、その思考・試行のプロセスについて振り返ります。

「概念装置」をつくる研究

人間はさまざまな「物的装置」によってその能力を拡張してきました。たとえば、顕微鏡によってこれまで見えないものが見えるようになり、飛行機によってこれまで行けなかった遠隔地に短時間で到達できるようになりました。近年では、バーチャル・リアリティによって、遠くの世界の様子や現実には存在しないファンタジーを、実感をもって感じられるようになりました。このように人間の物理的な能力を拡張させるものは「物的装置」と呼ばれますが、一方で、物事を深く理解し思考を拡張させる考え方の枠組みは「概念装置」と呼ばれます。たとえば、「人権」「心」「景気」「ウェルビーイング」などは概念装置です。概念装置は一度その存在を仮定することで、世界の新しい見方を提供し、それをよくするようにさまざまな働きかけが行えるようになります。「人権に配慮しよう」、「相手の心を大事に」、「景気がよくなるように」、「ウェルビーイングに働けるオフィスをつくろう」というように、概念装置があることによって、人々がそれに向かって考え、行動を起こすことができるのです。

この「概念装置」をつくることを職能とする学問分野があります。たとえば、哲学では概念装置を提供し、それによって人間や社会の原理を説明することが分野のひとつの役割とされています。科学の中でも対象が物質に還元できない分野、たとえば、人の心の働きを解明する心理学の分野では、人の心の働きを説明する概念装置を導入し、エビデンスを積み重ね、その心の機能や発達を明らかにしようとしています。また、芸術も作品を通して人間や社会の新しい見方を問いかけています。その際、具体的な「解」を提供するのではなく、鑑賞者が概念装置を自発的に考え始めるきっかけを提供したり、新しい概念装置を体験的に感得する場をつくり出すのです。

私は単行本発刊時のあとがき（文庫版では終章）にて以下のように書きました。

「現在のところ、まだこのような『触覚情報学』ともいえる学問分野は存在していませんが、本書がその端緒となれば幸いです」と。今思うと、これはひとつの概念装置をつくることをめざしていたのだと思います。もちろん、二〇二四年現在、「触覚情報学」という概念が十分に広まったかというと、まだまだではありますが、それと関連する動向として、私自身も関係する「デジタル身体性経済学」という学術領域が、二〇二一年度に文部科学省科学研究費学術変革領域（B）に採択されました。「デジタル身体性経済学」は、触覚をはじめとする身体性情報がどのように人の心や行動、とくに、経済的な行動に対して影響を与えるかを明らかにしようとする試みです。これに限らず、近年になり、身体性と心の充足のつながり、身体性とウェルビーイングの関わりが重要視され始め、そのための考え方が求められていることを実感しています。

情報環世界としての「わたし」

文庫化に寄せた本章のタイトルは、「触覚情報学による『わたしたち』のウェルビーイング」としています。これは、「わたし」に固有な感覚である触覚が、どのように「わたしたち」としての価値を生み出すのか、ということをテーマとしたためです。それについて考えるにあたり、「わたし」の基盤となる感覚世界や自己（self）のあり方について参照したのが、生物学者ヤーコプ・フォン・ユクスキュルが提唱した「環世界（ドイツ語では Umwelt)」という概念です。

環世界とは、生物はそれぞれの感覚・運動器官の制約に基づいた閉じられた世界の中で生きている、ということを意味する概念です。たとえばハチは、人間と異なり、紫外線に感度があるため、紫外線を反射する花の蜜の部分が、花びらと明確に区別され、さらに蜜はハチの生存にとって重要なものでもあり、それが大きく強調されたかたちで環世界が構成されていると考えられます。同じ物理環境にいたとしても、生物によって異なる環世界の中で生きているということです。もちろん、人間同士でも視力などの感覚の違いや、文化によって価値を置く対象も異なるでしょう。また、『情報環世界』で述べたように、近年は情報環境の影響も大きく、スマートフォンなどからの情報摂取時、コンテンツが個人に最適化され、その人が触れる情報自体が異なるようになり、私たちは情報環境においても環世界（「情報環世界」）にいるといえます。

環世界を参照した動機のひとつとして、「環世界は動的に構成される」ということが挙げられます。生物はそれぞれの基準に基づいて環境を認知・行動し、そのなかで自分にとって価値ある対象とそうでない対象を区別していきます。そのような外界とのインタラクションを通じて現れる、価値のグラデーションが環世界だということもできるでしょう。つまり環世界は、このような生物の欲求に基づいた感覚と運動のループによって生み出され、環境や自身の揺らぎと共に変化し続ける、動的な（ダイナミックな）システムだといえます。このような環世界の捉え方は、環世界を欲求や自律性という、自己と深く関連する概念とを結びつけることになります。たとえば、『情報環世界』の著者の一人、伊藤亜紗氏は、ある中途失明の方の環世界について、「毎日が『はとバスツアー』になってしまった」というエピソードを紹介しています。その方の失明以前は、自分で感じたことをもとに判断・行動ができていたのに、目が見えなくなったことで、「ちょっと坂になっています」といった外部の言葉に自身の感覚が代替され、環世界のループが断ち切られてしまったと。「はとバスツアー」という言葉に象徴されるように、自身の判断ではなく外部からの信号によって動かされる存在、外部に開かれた他律的な存在となってしまい、それは自己のあり方を損なうものであったということです。

また、生物にとって閉じられた環世界の中にいること、つまり、反応や価値がわかっている世界の中で生きることは、一時的な安心をもたらします。しかし、周囲の環境が大きく変化していくなかで、自身の環世界に閉じこもることは、その個体の持続可能性という点からは、必ずしもよいあり方ではありません。ある定まった環世界を保持しようとするのではなく、一度現在の環世界の範囲を超えて考えたり、環世界の外の「わからなさ」を取り込み、自身の環世界を変化させていく必要があるでしょう。このとき重要なのは、「わからなさ」とどのように向き合うか、「わからなさ」をどのように環世界へ導入していくかということです。身近な例でいうならば、自身の身体はもっとも身近な「わからなさ」です。たとえば「手を動かす」という行為自体は意識的にわかることができますが、それがどのように身体で実現されているかについては、ほとんどわかりません。わからなさと一度向き合い、ひとつひとつの動きを理解するなかで、環世界に馴染ませていくことになります。たとえば、アスリートは日々それを意識的に行っています。アスリートが新しい動きを習得する際には、今までの環世界、つまりこれまで培ってきた感覚と身体の連合を解き放ち、一度、身体の動きを意識的に分解し、細かく制御して新しい動きを構築するのです。そして、何度も練習をすることで、その動きが意識せずとも行えるようになる。つまりは新しい動きが組み込まれた環世界が構成されるのです。このように、「わたし」の環世界は、それぞれ固有で閉じられたものですが、それは自律的に環境と関わりながら変化していく、動的なシステムであるのです。

ウェルビーイング＝全体からの包摂＋閉じられた個人

ウェルビーイング（Wellbeing/Well-being）とは、「well＝よく、よい」と「being＝存在する、～の状態」が組み合わされた言葉で、その人としての「よく生きるあり方」や「よい状態」を指す概念です。前述のように、環世界の概念は一人ひとりの世界は閉じているということを示唆しますが、一方で、ウェルビーイングは一人だけでは実現されません。人間は社会性を基盤にして生きており、全員が自身の環世界に閉じこもっているだけでは、うまくいかないのです。とくに現代社会は多様な価値観の人々との関わりで成り立っており、他者と関わらざるを得ません。では、どのように、他者との関わりのなかで、ウェルビーイングを実現していけばよいでしょうか。

ひとつの考え方として、近年、スマートシティやスマートエイジングといった、個人の満足や充足した加齢を効率的に実現する取り組みが検討されています。私の個人的な印象ですが、これらの語で使われる「スマート」という言葉には、都市全体の効率性や、未来の自分の目標達成のために、「今ここのわたし」をうまく制御することが重要であるというニュアンスを感じることがあります。つまり、社会と個人を「サービスの送り手と受け手」、「制御する側と制御される側」に分けるモデルに基づいて理解しているように感じるということです。スマートシティの例でいうならば、都市の設計者とその設計に則って動かされる「開かれた」ユーザーを想定するものとなります。しかし、このような考え方では、多様な個人の充足や自律性を担保することは困難です。また、スマートエイジングの例でも、現在を生きる自分は、未来の理想の自分にとっての手段、「開かれた制御対象」となります。そうすると、いつまで経っても自分は未来のための手段であり、現在の自分が自律的であることはできません。つまり、空間的にも時間的にも全体最適化の視点からだけでは、現在の個人を充足させることはできません。かといって、自律した「閉じられた」個人が気の向くまま勝手に振る舞うだけでは、それが全体や未来へつながることはないでしょう。「全体からの制御＋開かれた個人」ではなく、「閉じられた個人だけ」でもなく、個人の自律性を保持したまま全体をコーディネートする「全体からの包摂＋閉じられた個人」という枠組みを考えることはできないでしょうか。つまり、閉じられた「わたし」としての思考や試行の自由が保たれながら、自己と関わる他者を含めた「わたしたち」という全体の視点から包摂的な協働行為を行っていくということです。

このような「わたしたち」は、どのように実現されるのか。『ウェルビーイングのつくりかた』では、下記のふたつの考え方を示しています。どちらも、個人を他者、社会や自然から独立した存在として見るのではなく、それらとのつながりのなかから個が浮かび上がる存在である、という視点に基づいています（図1）。

1.「わたし」のウェルビーイングの〈対象領域〉を、他者や社会、自然まで含む「わたしたち」に広げること（図1上）

2.〈関係者〉として他者や社会、自然まで含め、「わたしたち」としてのウェルビーイングを実現すること（図1下）

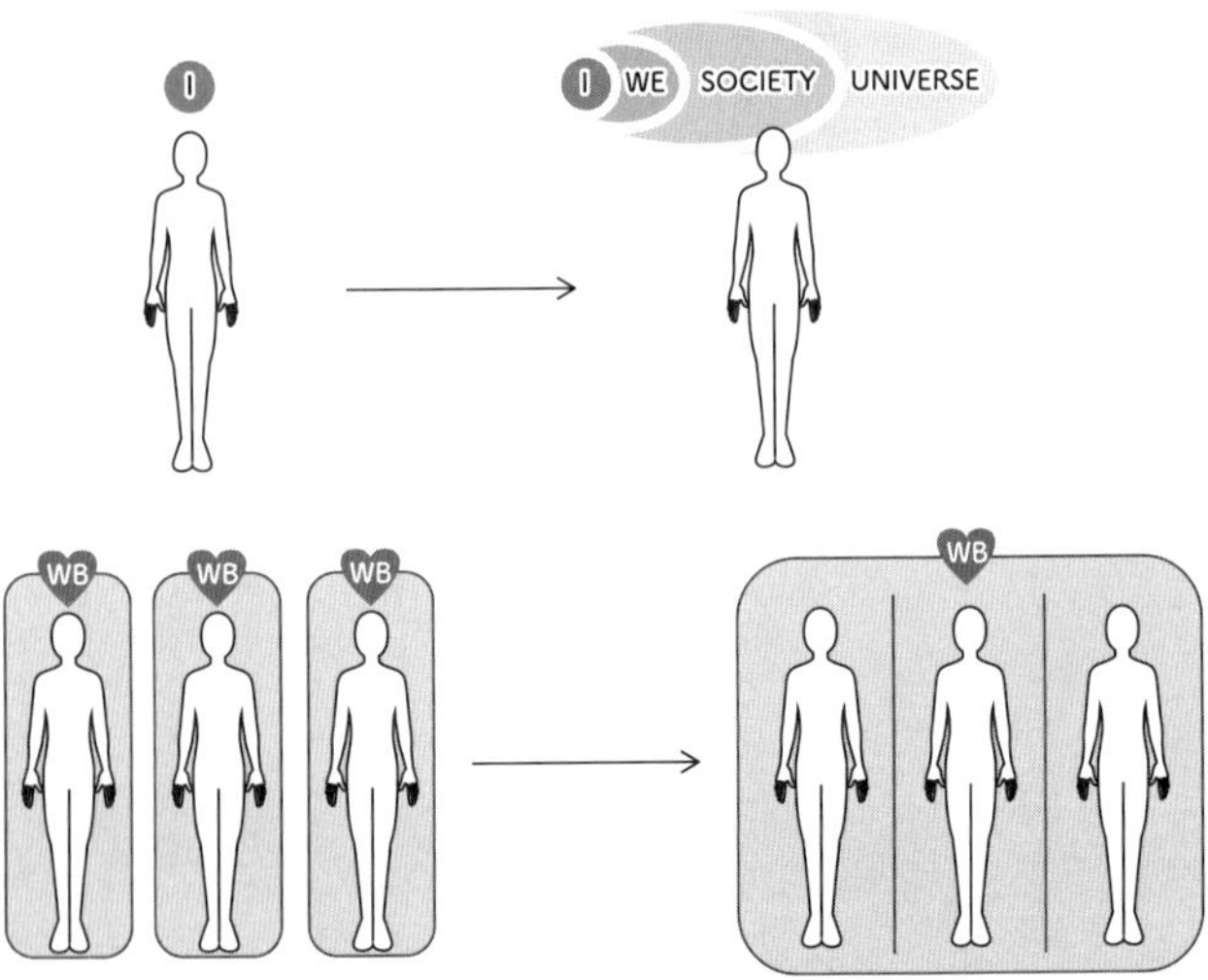

図1　「わたしたち」を実現する考え方

そして、「わたしたち」を実現する方法論やテクノロジーには、どのようなものがあるでしょうか。たとえば、個人のウェルビーイングの価値観を可視化するなどして、全体の視点から参加者全員で解決を考えられるようにするワークショップはそのひとつといえます。

私が所属するNTTの研究所では、それぞれの人のウェルビーイングに重要な心理的要因およびそのバランスを可視化し共有するツールとして「わたしたちのウェルビーイングカード」を制作しました（図2）。

カードそれぞれには個人の主観的ウェルビーイングに大切な心理

的要因が書かれており、それらは、「I（自分個人のこと）」「WE（近しい特定の人との関わり）」「SOCIETY（より広い不特定多数の他者を含む社会との関わり）」「UNIVERSE（自然や地球などより大きな存在との関わり）」と四つのカテゴリに分類されています。現在、このカードは三二枚で構成されており、そのなかからカテゴリに関係なく三枚、「わたし」のウェルビーイングに大事な要因を選ぶという使い方をします。何もないところで「あなたのウェルビーイングに重要な心理的要因を教えてください」と問われても、すぐに思いつくことは難しいですが、カードを眺め、その言葉を一枚一枚見ながらしっくりくるものを選ぶというやり方ならば、選択することができるでしょう。カードを選んだあとには、その要因をなぜ選んだのか、理由やエピソードについて自身で振り返り、周囲の人々と共有します。そうすることで、それぞれの「わたし」を尊重しながら、「わたしたち」としての目標や行動を決めることができます。このように、

図2　わたしたちのウェルビーイングカード

お互いのウェルビーイングに大事な要因を共有することは共感や信頼の醸成につながりますし、結果として個人としてもよいあり方が実現されることでしょう。

「わたし」と「わたしたち」をつなぐ触覚

価値観を可視化共有するだけでなく、身体感覚や触覚に関する技術は、直接的に身体に働きかけるものであり、その活用が期待できます。たとえば、本書でも紹介している「心臓ピクニック」というワークショップでは、自分の鼓動を手のひらの上の触感として感じることができますし、他者の鼓動を手のひらで感じ、その違いに意識を向けることもできます。日常生活では名刺を交換するなど、自分の名前という記号の交換から人間関係が始まりますが、一方で「心臓ピクニック」では、身体の感覚を交換することから始まります。自分の重要な生命の象徴である心臓の鼓動を感じたあとに、目の前の相手の心臓の鼓動に触れると、「自分に大事なものがあるように、目の前の人にも大事なものがある」ということを、実感をもって理解することにつながります。相手を記号的に理解するのではなく、相手を感じることで身体が反応し、相手の振動の向こうに、同じ生命をもつ存在として、つまり、「わたしたち」として相手を感じられるようになるのです。

また、別の例として、近年、映像・音声に加え振動情報を伝送し、新たな体験をつ

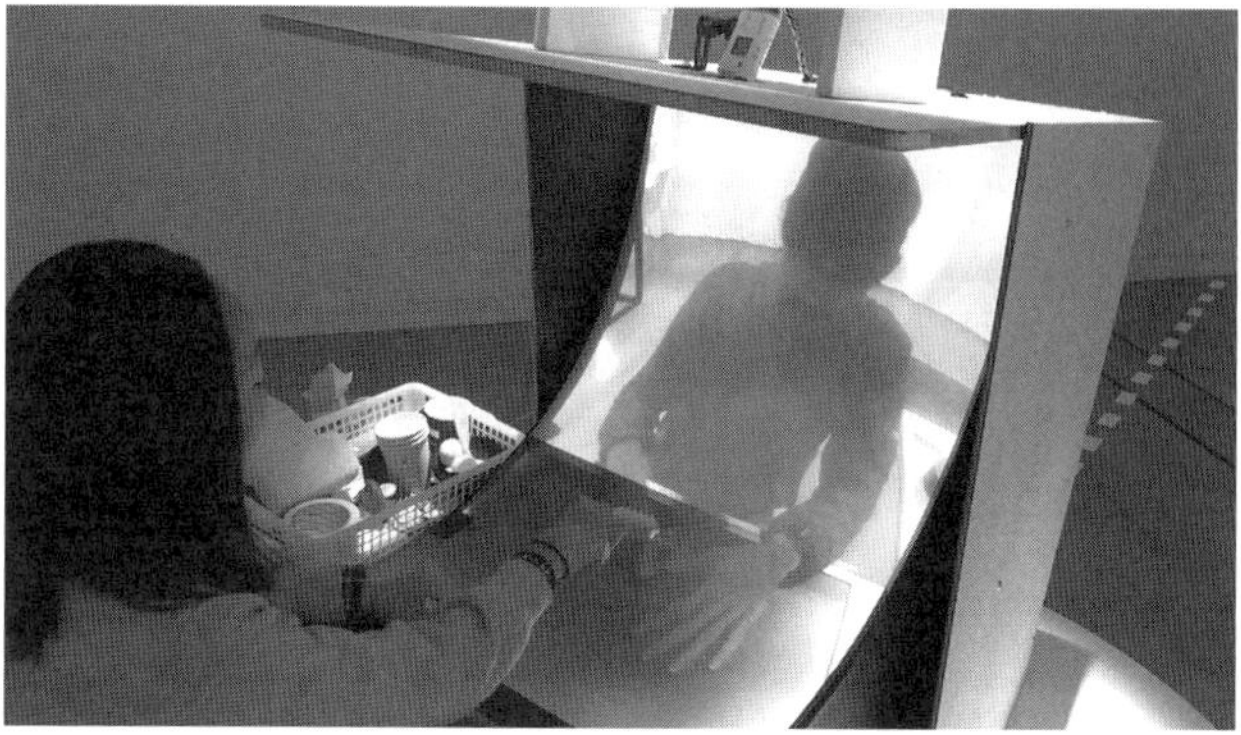

図3　公衆触覚伝話

くり出す取り組みが行われています。たとえば私たちは、二〇一九年に「公衆触覚伝話」という遠隔で映像・音声・机上の振動を共有するシステムを開発しました（図3）。片方の地点の机面をトントンと叩くと、その振動が遠隔（東京―山口間）へ送られ、遠隔の机面が振動します。東京の机上でピンポン玉やゴルフボールを転がすと、その振動が山口へ送られ、山口の体験者はその振動の違いを体感します。この体験では、振動によってその材質（ピンポン玉とゴルフボール）を当てたり、触覚を使った新たな遊び（触覚つきの遠隔ママゴト）が生まれたり、日常とは異なるコミュニケーションが生じていました。そして、この体験では初対面同士でも画面越しに手を触れあうなど、親密さを示す行動も観察されました。このように、振動を介した関わりは、実際の対面とは異なる親密さをつくり出す契機となっているようでした。

また、デバイスを使用するものではありませんが、個人それぞれの差異を強調するのではなく、お互い差異があったとしてもうまく協働的創造行為を行うことで「わたしたち」をつくり出す試みがあります。『見えないスポーツ図鑑』で紹介している、目の見えない人と晴眼者が一緒にスポーツを観戦する「Sports Social View」という試みです。たとえば、柔道の試合を目の見えない人一名と晴眼者二名で一緒に観戦するときには、テレビ画面の中の二名の柔道選手の役割を晴眼者それぞれが担い、柔道着の代わりに布を引っ張りあい、目の見えない人は布の真ん中を持ちます。そして、試合での柔道着を通した力の駆け引きを布の引っ張り合いに変換して、試合での迫力や緊張感を目の見えない人に感じてもらうというものです（図4）。そこで行われているのは、柔道の試合のすべてを正しく伝えようということではなく、そこで起きている力の駆け引きを、身体を通して表現し直しているのです。それを行っているうちに、晴眼者は試合を伝えようとするだけでなく、だんだんそこで勝ちたいとか、負けられないとか、いろいろな欲求が現れてくるのです。これは試合の伝達ではなく、試合の再創造ともいえるでしょう。目の見えない人も、受動的に感じさせられているのではなく、手を引っ張られながら布を持ち続けるという役割を担います。単純に正しい情報を伝えるというやり方ではない別のやり方で関係性を取り結び、一緒に新しい協働

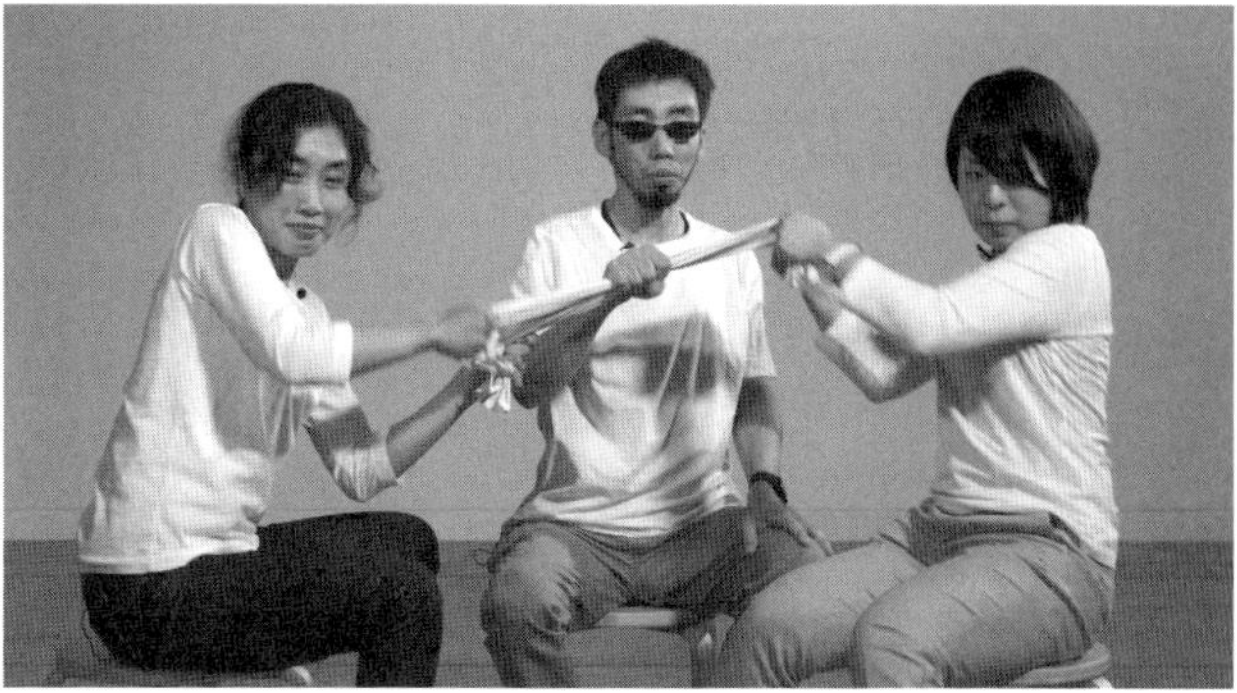

図4　Sports Social View

行為をしているのです。

結局、他者の視点になり、環世界の差異を強調することは、「ああ、そうだったんだ」という違いの気づきや理解にはつながりますが、それだけでは必ずしも行動変容にはつながりません。「一緒に何かができるかもしれない」という行動変容につながるポジティブな気づきや希望を得るためには、協働的な創造行為を、まさにゲームのように楽しむ試みや仕組みが必要ではないでしょうか。

さらに、より多くの人によって構成される場、コミュニティにおいては、どのようなテクノロジーが可能でしょうか。近年私たちは、一人の人間であっても複数のコミュニティに属しています。家族というコミュニティ、会社、趣味の集まり、さまざまあります。それだけ多くの関係性をもつことはセーフティネットとして重要ですが、そのコミュニティにおいて深い関わりをもつためには時間が必要になります。しかし、それをテクノロジーによってショートカットすることはできないでしょうか。前述の、「心臓ピクニック」「公衆触覚伝話」「Sports Social View」など、触覚／身体感覚に関する体験は他者やコミュニティに対する行動（向社会行動）に大きな影響を与えるでしょう。さらにそれを進めて考えると、触覚／身体感覚を遠くの人へリアルタイムに伝えたり、同時に多人数に送ることで、その場の人々の社会的な態度や行動は変化するでしょう。身近な例としてはライブ・エンタテインメントが挙げられます。触覚の演出に加え、遠隔の観戦会場にスタジアムで生じる振動情報を伝え、スタジアムとの一体感を醸成することも可能になります。つまり、これからは、空間的に離れた人同士や群衆というたくさんの人同士をつなげる触覚／身体感覚のテクノロジーが広がっていくでしょう。

とは言うものの、実は、市中にはすでにこのような機能を実現している装置や仕組みがあります。たとえば「足湯」は、湯に入っている人たちを同時に同じ温度で刺激する触覚提示装置と解釈することも可能です。足湯はそこにつかっている人の心をほぐし、人同士にコミュニケーションのきっかけをもたらします。綱引きも各チームが掛け声にあわせて同時に力を入れる共同身体体験であるといえます。あれほど人が同時に力を入れる状況はないでしょう。また、ラジオ体操やお祭りは、集団でひとつの行為を行うことで参加者同士を近づけるものです。また、エンタテインメントの分野ではプロレスリングや演劇もひとつの身体的共感を共有する空間であるといえます。このような、既存の装置や仕組みに通底するエッセンスを取り出し、公共空間をデザインしていく必要があるでしょう。

「わたしたち」としてウェルビーイングを実現するためには、人の身体がもつ集合知をどのように編み上げていくか、その方法論やテクノロジーが必要です。それによって、「わたし」と「あなた」という、相手を被制御者と捉えうる考え方ではなく、相手と横に並び相手を協働者として捉える考え方が自然と生じ、「わたしたち」で一緒にやってみる、「わたしたち」の範囲を広げてみる、「わたし」より「わたしたち」を少しだけ優先してみる、といった行動が引き出されてくるのです。もちろん、それらは「わたし」個人の持続可能性を上げることにもつながります。

さらに、「わたしたち」としての関わりのなかでは、自身のあり方を他者にゆだねることもあるかもしれません。これは自身の新しい活かされ方を発見する機会となるのです。次のセクションからは、私が二人の表現分野の専門家の方と「わたしたち」として行った対話録を紹介します。実は、これらは、まさに、私が自身の新しい活かされ方を見出すきっかけとなったのでした。

＊本稿は、『アートをひらく　東京藝術大学「メディア特論」講義Ⅱ』（内海健、古川聖、大谷智子　著、二〇二四年、福村出版）に収録されている講義「12時限目　個人と社会を包摂するウェルビーイング、その実現に資するソーシャル・ハプティクス」（渡邊淳司）の一部を抜粋、編集し、それに加筆するかたちで構成しました。

対話篇1　触覚と自己観（with 向井知子）

二〇二一年八月二〇日に開催された、「きわプロジェクト」における公開トークイベント「きわダイアローグ」に関連して行われた向井知子氏との対話録を紹介します。この対話は、私が、人と関わるとはどういうことなのか、他者に活かされるとはどういうことなのか、を深く考えるきっかけとなりました。

＊この対話は、二〇二〇年から二〇二一年に行われた対話録の一部を編集して掲載しました。「きわプロジェクト」とは、「風土」という日本のパースペクティブから、世界各地の都市と「構築された自然」を観察し、さまざまな立場や特性を持った人々が関わりあいながら、対話や制作の場を創出するプロジェクトです。対話録全文を含め、ウェブサイト（http://kiwa-project.org/）にて閲覧することができます。

世界の捉え方：総体としての自己

向井　きわプロジェクトメンバーの物理学者スヴェン・ヒルシュは、今日のグローバル社会において「コレクティブ」な視点から世界を俯瞰《ふかん》しようとする背景には、「デジタリティ」に基づく考え方があるといいます。渡邊さんのご著書『わたしたちのウェルビーイングをつくりあうために』のなかでも、ＩとWE、SOCIETYとUNIVERSEという世界の捉え方のお話がありました。

ヒルシュはグローバル社会の発展の裏には、すべてをものすごいスピードで0か1に分化し細かく定義しようとする離散的な思考方法があり、それがわたしたちのなかにも身体化されているのではないかともいいます。ものごとを限りなく細かく解釈しようとする思考性は、近年のダイバーシティに対する認識においても見受けられると思います。たとえば、セクシャリティ、障がいといった、人間の多様性についての理解は、一見、深まったようにも見えます。しかしその一方で、それはわからないものをすべて、細かいカテゴリーに定義することで理解を求めているだけで、各個人それぞれがどのように世界を捉えうるのかといった感覚、知覚、認識の多様性については、なおざりにされているようにも思います。

それらのことをふまえて自然の一部としてのわたしたちが、それぞれの知覚というものを認め、開発していくことで、自分と自然（環境・世界）との関係、捉え方を見出していくことについて、渡邊さんにお話を伺いたいと思ったのです。

渡邊　『わたしたちのウェルビーイングをつくりあうために』に論考を寄稿いただいた、京都大学の哲学者、出口康夫先生は、「わたし」イコール「自己」ではなく、「わたし」を含め行為に関わる身体や道具、他者、自然などの総体（「われわれ」）を「自己」として捉える、「Self-as-We（われわれとしての自己）」という概念を提唱されています。この概念では自己が拡張されただけでなく、「われわれ」は「わたし」に対するゆだね手であると考えます。つまり、〝「わたし」が生きる〟と「わたし」を起点に考えるのではなく、〝「わたし」は生きることをゆだねられている〟と捉え直すのです。

現在、私は出口先生との共同研究に参加しているのですが、「Self-as-We」という哲学の概念を、心理学的方法論で捉えることに取り組んでいて、質問紙を使って「Self-as-We」の特性や状態を指標化することを行っています。質問項目の例を挙げます（次ページ）。現在、七項目の質問に答えることで、その人の「Self-as-We」としての特性や、その人が属するグループがどれほど「Self-as-We」が感じられるかを点数化することができます。

単純に考えると、自己がどんどん広がって、「わたし」も「身体」も「道具」も「他

共同行為の場を評価する Self-as-We 尺度 2023

問：あなたの会社組織で、あなたと一緒に働いている2から5人くらいのグループを思い浮かべてください。思い浮かべたグループについて、あなた自身の考えに当てはまるものを選択してください。

	そう思わない	あまりそう思わない	どちらともいえない	ややそう思う	そう思う
このグループの取組みがうまくいくと、自分のことのようにうれしい。	1	2	3	4	5
私は、このグループでの役割を自ら果たしている感覚と、担わされている感覚の両方を感じる。	1	2	3	4	5
このグループでは、一定の範囲の意思決定がメンバーに任されていると感じる。	1	2	3	4	5
このグループの活動は、このグループのメンバーだけで成立しているわけではない。	1	2	3	4	5
このグループの取組みで起きた失敗は、特定の誰かのせいにすることはない。	1	2	3	4	5
このグループは、誰かがリーダー役を担わなくても、うまく活動を進められる。	1	2	3	4	5
このグループでは、意見が異なっていても尊重し合える。	1	2	3	4	5

戸田穂乃香、横山実紀、赤堀渉、渡邊淳司、村田藍子、出口康夫、(2023)、「共同行為の場を評価する Self-as-We 尺度の開発─働く場における規模の異なる集団を対象とした検証─」『京都大学文学部哲学研究室紀要 Prospectus』、Vol. 22、pp. 1-18
https://repository.kulib.kyoto-u.ac.jp/dspace/bitstream/2433/283898/1/Prospectus_22_1.pdf

者」も「自然」も、すべてが自己であると。しかし、出口先生の提唱する自己の概念は、単に拡張していくだけでなく、二重性をもつというか、拡張した自己が「わたし」にゆだねるようなイメージがあるのだと思います。「わたし」は、主体的に行動するのと同時に、自己によって動かされるものでもあると。また、ここで出てくる「わたし」は、「今、ここ」の「わたし」とは限りません。物理世界の「わたし」もあれば、ネットのなかの「わたし」もいる。もしくは昨日の「わたし」と今日の「わたし」。「われわれ」という総体である自己が、これらさまざまな「わたし」を含む物語を紡ぐ役割を担うのです。そうすることで、さまざまな「わたし」、それに関わる他者や社会とも包摂的に関わることができるのではないかということです。

知覚のかたち、体験のかたち

向井　人の知覚の立体性ということに関して、渡邊さんの手がけられた「心臓ピクニック」は、個々の知覚と他者の認識、直観的な理解を結びつけていく体験が、とても上手に組み立てられているなと思いました。今、そこからまた発展させたものを制作されているのでしょうか？

渡邊　はい。いくつか紹介させてください。「心臓ピクニック」は、聴診器によって計測された鼓動を、手の上の触感として感じるワークショップでした。心臓という自分のなかの他者を感じ直すことを狙いとしたものです。そして、それだけでなく、心臓の鼓動を他者と交換する。そうすることによって、生命としての共同性をもとに他者と関わることができます。もちろん、「わたし」と他者は異なる存在ではあるのですが、地球上の生命として同じものであることを、鼓動の触感を通じて実感しつつ関わる。それによって他者との関わり方が変わるのではないかと考えました。

二〇一九年に制作した「公衆触覚伝話」は、オンライン上で会話をする際に、画面の向こうの相手と映像でやり取りするだけでなく、机を触覚的にも共有するというものです（QRコード①参照）。遠隔で話している二人の間の机が共有空間になっており、こちらの机を叩けば、相手の机も震えるようになっています。ふたつの空間のそこだけが重なっている状態ですね。そこで二人が触覚的にやりとりをしているうちに、だんだん言語というには言い過ぎですけれども、空間を共有しながらひとつの物語を一緒につくり出したり、箱庭的に新しい遊びをし始めたり、といったことが起きたんです。

①

このコミュニケーションメディアが実現したことのひとつとして、普通ではありえない距離まで人と人を近づけたということが挙げられます。たとえば、実際に机を挟んで目の前に人がいた場合、四〇～五〇センチ前に人がいたとしたら、緊張して話すことができません。ところが、モニターを介した映像であれば、近い距離で机を共有していても普通に会話ができてしまいます。そこには、物理世界での距離感とは異なるリアリティや身体性が存在している気がします。デジタル化によって、相手と手が触れるところまで距離を縮めても、お互い普通にやり取りし、共存し得るような関係性がそこには生まれているということになります。もうひとつ、このシステムの特徴として、カメラが顔に対して正面ではなく、やや上のほう（屋根のような部分）にあることが挙げられます。上から顔を写しているため、お互い画面上では目が合わない。そのため、距離は近いのに目が合わないという状況が、ここではずっと起きています。デジタル世界での視線といったことについても考えるきっかけになりました。

向井　集中して話をしようとするときは、Zoom で顔を見ながらよりも、意外と電話のほうが、思考しながら話せるのでよかったりしますよね。テクノロジーを介し、目と目を合わせたり、顔を合わせたりしたほうがコミュニケーションができるかというと、そうではない。むしろ、視覚的な情報がないと、耳が深いところの何かに触れる感じがあるので、そちらのほうが喋りやすいと思うんです。目が合わないことで、バーチャルではあるけれど、触覚に対して集中するというか……。

渡邊　この体験では、相手が自分の触覚空間に入っても、お互いを許容できる何かがある感じがしますね。これがお互いの視線が合うシステムだと、逆に、自分の意識が画面に囚われてしまう気がします。それによって思考や想像力の自由度が逆に減っているような感覚は、すごくあります。私は、研究のディスカッションをするときには、相手の目を見ないで話すことが多いのですが、もしかしたら、このこととも関連するのかもしれないですね。

また、「見えないから伝わることがある」という意味では、二〇一八年から東京工業大学の伊藤亜紗先生やNTTサービスエボリューション研究所の林阿希子さんと一緒に、視覚障がい者と一緒にスポーツを観戦するプロジェクト「Sports Social View」を行いました（林さんの所属はプロジェクト実施時）。これは、一緒に観戦する晴眼者が、スポーツで起きている状況や選手の動きを別の身体動作に変換することで、視覚障がい者と一緒にスポーツ観戦を楽しむというものです。私たちのプロジェクトでは、スポーツの本質を保ったまま別の身体動作に変換するという意味で、晴眼者を「翻訳者」と呼んでいます。このプロジェクトで重要なのは、機械やコンピュータを使用して正確に「伝える」のではなく、人間である翻訳者が間に入って「関わり合う」ことです。翻訳者と視覚障がい者がひとつのシステムとしてつながっているけれども、その間では情報を正しく伝えるのではなく、動きの揺らぎや解釈の幅まで含めて自律的な関係が担保されています。「Self-as-We」で述べられているような関係性がそこには生まれている気がしました。

向井　お話を伺ってすごく面白いなと感じたのは、記号化して体験を理解しているということです。スポーツ観戦などは、モニターの中での実況では、状況が描写されますよね。わたしたちはそれに慣れすぎていると思うんです。実際にスタジアムで見ている人たちは、状況の説明を共有しているわけではなく、そこにある臨場感やスピード、緊張感などを共有しているはずですよね。それとまったく同じ緊張感ではなくても、それのトポスのようなものを共有している。そのことに、感覚や体験の形を探ることの可能性を感じました。

見えないスポーツ図鑑

渡邊　今お話したのは身体的な翻訳によるスポーツ観戦の取り組みですが、さらに、スポーツの体験自体を翻訳する試みもあります。こちらも同じメンバーでやってきた「見えないスポーツ図鑑」というプロジェクトの一部なのですが、晴眼者であってもスポーツの本質は見えていないのでは？　という問いから始まっています。普段、映像によって観戦しているものは、本当にスポーツ選手の感じている感覚や競技の本質なのだろうかということで、競技のエキスパートをお呼びして、その競技の本質をお伺いしながら、別の動きに翻訳するということを行いました。

フェンシングの翻訳を例にあげましょう。元フェンシング日本代表・ロンドン五輪銀メダリストの千田健太さんをお呼びして、フェンシングの競技の本質についてお聞きしながら、それをさまざまな動きに置き換え、試行錯誤しながら翻訳を進めました。フェンシングのエッセンスを取り出すために、棒と棒を絡ませてみるなど、さまざまな方法を試したのですが、最後にはなぜか知恵の輪のようになったんです。プレイヤーはそれぞれアルファベットの木片を選び、選んだ木片を絡ませます。その状態のまま目を閉じて、一〇秒間で片方の人は外そうと、片方の人は外されまいとする。フェンシングでは、指先の繊細な感覚による剣の操作「フィンガリング」と、事前に戦略を決めて勝負する戦略性が重要であるとのことで、戦略を木片の形ととらえ、木片を指先の感覚だけで操作するという動きに翻訳しました（ＱＲコード②参照）。

②

同じように、野球では、元プロ野球・横浜ＤｅＮＡベイスターズのピッチャーで、ＮＴＴコミュニケーション科学基礎研究所（実施時）の福田岳洋さんをお呼びして、ピッチャーとバッターの関係性の翻訳を行いました。ピッチャー役の人とバッター役の人が目を閉じて座り、ピッチャーは手にサスペンダーを持ち、１、２、３のタイミングで引きます。バッターは片手でピッチャーの肩に触れ、もう一方の手でピッチャーの引くサスペンダーを叩きます。バッターがサスペンダーの特定の位置を叩くことができたら「ホームラン」。逆に、サスペンダーに触れることができなければ空振りというわけです。目を閉じているので、バッターは相手の肩の筋肉の動きを感じて、腕の動きのタイミングを予測します。実際の野球でも、バッターは、ピッチャーの投げる時速一五〇キロの球を「見て」、バットを振っているわけではありません。ピッチャーの投げる動作からタイミングを予測し、それに合わせてバットを振っています。そのマウンドからホームベースまでの距離をゼロにして、ピッチャーの筋肉の動きを触覚的に感じながら駆け引きをするという形に翻訳したのです（QRコード③参照）。

　このどちらの翻訳も目を閉じて行うため、目が見える／見えないは関係ありません。また、力勝負ではなく、指先の感覚や手のひらで感じる感覚によって勝ち負けが決まるので、子どもと大人でも戦えますし、車いすの方とでも戦えます。翻訳は、その道を極めたエキスパートの感覚や競技のエッセンスを抽出するので、スポーツ自体の面白さが残されたままで、多様な人たちと新しい関係を結ぶきっかけを生み出しているのです。

向井　エッセンスの抽出の過程というのは、どのようにされているのでしょうか？どうやってお互いに共有しているのか気になります。しかもこの場合は、体験に形状を与えていくプロセスがありますよね。

渡邊　実は、この翻訳のプロセスでは、机の上に百円ショップで買ったさまざまなグッズが山ほど載っていて、それを使って試行錯誤を行っています。正直、最終的に何が使われるかわからないので、関係するかもしれないものをとりあえず集めてみるんです（笑）。翻訳のワークショップとしては、最初にエキスパートのお話を一時間ほど聞いてから、およそ二時間でエッセンスを抽出して新しい動きに変換する、計三時間で全部をやりきる形で行いました。

向井　結局、体験そのものは見た目の形状とはまったく別の形を持っていたわけですね。

渡邊　おっしゃるとおりです。翻訳としては、できるだけ見た目からは遠ざかりたいんですが、最初はやはり競技に似ているもの、フェンシングだったら尖った棒を選んでしまうんですね。ただ、それでは翻訳したことにはならないので、本質にあるものは何だろうと考えつつ、少しずつものの形をずらしていきます。そうして、さまざまなものを試しながら、エキスパートの方が「これは○○っぽいね（フェンシングっぽいね）」と言ってくださるまでを三時間のうちにやりきるわけです。その道のエキスパートに確固たる基準として判断してもらいながら、スポーツの本質を見立て、日常的なもので置き換えるという作業を一〇種目行いました。種目によってまったく違った翻訳が現れています。

体験を想像力につなげる

向井　少し話がずれてしまうかもしれないのですが、わたしが映像で体験の共有やつながりをつくるとき、いろいろな場所の写真を素材として使用することがあるのですが、その際、それ自体のローカリティみたいなものは排除して、形状や色彩を増幅させたり、その情報を還元させたりしているんです。一見体験の情報を簡略化しているだけに思えるかもしれないですが、そのことによって、全然関係なく思える場所に、串刺しになる別の体験や形みたいなものがある。そういうものを抜き出してきたときに、初めてほかの人とのつながりみたいなものがもう一回結べるんじゃないかと感じているんですね。渡邊さんが今なさっていることというのは、そのものの見た目ではなく、形を置き換えることで、どのような構造や組み合わせが、その体験の内実を構成する要素なのかを抽出する作業だと思いました。

渡邊　そうですね。抽出されたものという意味では一般的なものではあるのですが、一方で、これらの体験は、誰とやるかという個別性の要素も重要になると思っています。触覚は、コンピュータ・グラフィクスの世界でいうところの、ポリゴンとテクスチャーのポリゴンしかない状態なのです。そのポリゴンをデジタル化し、もう一度、人に提示するときに、どのようにテクスチャーをつくってあげられるかが課題です。動きを振動に置き換えること自体は、叩いている振動を記録するだけなので、やろうと思えば簡単にできてしまう。でも、そのときに「この人が叩きました」ということを見せられる、そのストーリーなりテクスチャーなりをどのようにつくっていくか、言い換えると、触覚を生み出した人と触覚を感じる人が物理的に別の時間や空間にいたとしても、それらの人々が「われわれ」であることをどうやって感じられるかが、デザインされるべきことなのだと思います。

向井　構造を抜き出していても、構造を含むディテールがないと体験の形が成り立たないということですよね。

渡邊　そうですね。構造だけでは抜け殻になってしまうところがあります。「心臓ピクニック」でも、心拍を刻む箱が目の前の人とわざわざ線でつながっていることで、それを見た瞬間に、他人の大事なものを触ってしまったという感覚が生まれるんです。テクノロジーを使えば無線にもできるのですが、どこともつながっていない箱が心拍のリズムで動いていても、ただ気持ちが悪いだけになってしまいます。触覚が生み出す揺らぎや解釈の縁に、どうやって輪郭をつくりだすか、人との関わりを示唆するかということがすごく大事だと思いますね。

ここまで自分がやってきたインフラとしての触覚テクノロジーから、近年のウェルビーイングに関連する自己観や価値観についてまで、お話しをしていて、何だか一緒に面白い旅をしている感覚になりました。とても楽しかったです。

◆対話のお相手

向井知子（むかい・ともこ）

きわプロジェクト・クリエイティブディレクター、映像空間演出

日々の暮らしの延長上に、思索の空間づくりを展開。国内外の歴史文化的拠点での映像空間演出、美術館等の映像展示デザイン、舞台の映像制作等に従事。公共空間の演出に、東京国立博物館、谷中「柏湯通り」、防府天満宮、一の坂川（山口）、聖ゲルトゥルトゥ教会（ドイツ）、曹洞宗萬亀山東長寺他。文化財の映像展示に「雪舟等楊筆《四季山水図巻》〈国宝　山水長巻〉」など。

対話篇2　触覚で感じるコミュニケーション(with クワクボリョウタ)

二〇二一年九月四日～一〇月一〇日に開催された「遠い誰か、ことのありか」展(主催：札幌文化芸術交流センターSCARTS(札幌市芸術文化財団)、札幌市)に際して行われた、クワクボリョウタ氏との対話録です。この対話を通して、「おしくら問答」という作品が制作されました。対話から作品が生まれるまでの過程を感じていただけたらと思います。

＊この対話は、『遠い誰か、ことのありか With Others at a Long Distance』(札幌文化芸術交流センターSCARTS著、二〇二二年、中西出版)に収録されている内容の一部を抜粋、編集して掲載しました。

リモートコミュニケーションとブラインドラン

クワクボ　こんにちは。渡邊さんとは、もう一五年以上前から面識があって、触覚や認知科学の著書も読ませてもらったりしていますが、こうやって二人でお話をしたことはありませんでした。僕たちアーティストは、モヤっとしたものをモヤっとしたまま表現しようとするところがありますが、渡邊さんはモヤっとしたものをしっかり分析していて、そこが渡邊さんのすごさだと思います。今日は、僕の日々のモヤモヤについて、「これって何なんでしょう?」といろいろ聞いてみたいですし、何か作品につながるきっかけがあればと思います。

渡邊　はい。クワクボさんのお話をお聞きしながら、「これって、触覚的にはこういう意味かもしれませんね」というようなやりとりをするイメージですね。どうぞよろしくお願いします!!

クワクボ　身近な話題からですが、渡邊さんはコロナ禍のリモートワークについてどんなことを感じていますか? ビデオ会議にも慣れてきて、対面よりもメリットが多いと感じられることもあります。一方で、概念だけが行き来するみたいな状態で、対話が進んだとしても何かが足りないとも感じます。目の前に相手がいるわけではないので雑談することがなくなり、何か気になっても、わざわざメッセージを送るほどでもないと思いとどまって、「どうしたの?」と声をかけあうような機会も減りました。

渡邊　まさに、誰かと「息を合わせる場」がなくなっているということがあります。一緒にごはんを食べに行くのであれば、お腹がすいたタイミングで誰かに声をかけ、食べながら話をしたり、相手が食べ終わりそうであればデザートの提案をするといったかたちで、相手の呼吸を感じて、それに合わせて声をかけたり、よいタイミングで何かをするということがなくなりました。現在は、一日中無駄なく会議をこなすことはできるのですが、余白がないというか、自分で何かをしているというより、会議に出させられているというか……。

クワクボ　僕が勤めている情報科学芸術大学院大学［IAMAS］でも、学生と息を合わせるような場ということで、オフィスアワーを設定してDiscord（音声通話システム）上に教員が何時から何時までいますということをやったんですが、ほとんど機能しなかった。その「わざわざ感」というか、「雑談しましょう」といったからって雑談は始まらないじゃないですか。そのハードルを越えられないまま制度がうやむやになってしまったんですが、やっぱりごはんを食べるとか、ほかの目的があるなかだと「息を合わせる」ということが可能なのかなと思って。あと、今までメディアは便利であることをめざして実装されていったけど、実は、本来欲しいコミュニケーションはそこにはなかった、ということもあるのかなと思うんです。

先日、Discordをしながら Google スプレッドシートを共有して授業をしたのですが、そのとき、スプレッドシート上に文字を打ち込んで音声通話から落ちてしまった学生への呼びかけが始まったり、フォントを勝手に変えて遊ぶとか、メディアから新しいコミュニケーションが生まれてきて、そういう振る舞いがとても面白かった。僕たちメディアをつくる側からすると、何かを盛り込んでメディアとして提示した途端に、ユーザーはそれを「使う側」になってしまい、自分でその使い方を見出していくという態度が削がれてしまう。そういう自己矛盾があるような気がしていて。そこはどうしたらいいんでしょう。

渡邊　効率性を実現することが第一であるとすると、あらかじめ設定されたものに自分を当てはめていくのが簡単なはずです。だけど、その瞬間に「つくる側／使う側」、「する側／される側」の分断が起きてしまいます。どうすればそのような関係に陥らなくなるのか。ちょっと個人的な体験をお話しします。数年ほど前、私は視覚障がい者がランニングを行う際に安心して走れるよう晴眼者が伴走を行う、「ブラインドラン」の場に参加しました。視覚障がい者と晴眼者が一メートルほどのロープを輪にした「伴走ロープ」でつながって走るのです。このときに、伴走ロープを引っ張る役目をするだけでなく、逆に私が目を閉じて、目の見える人に伴走される体験をしました。

これが衝撃的で。まず、目を閉じてゆっくりと歩き始めたときは、どうにか自分の耳や足で状況を知ろうとしていました。実際、多少は感じることができたのですが、走り始めたときにはそれはまったく役に立ちませんでした。自分の感覚だけで走ろうとしてもどうにもならない。環境を感じることを伴走してくれる人に委ねないと、ランニングのスピードでは走ることはできず、伴走してくれる人の感覚を借りながら、私の身体を前に進めていく。そうすると、伴走を「する／される」という関係から、走る行為を通じて相手とひとつのシステムになっていくような感覚がありました。「わたし」と「あなた」という別の存在が協力している状態から、だんだんひとつの「わたしたち」が創造されていくような体験というか。

クワクボ　なるほど。そういえば、逆にうまくいかなかったお話というか、先日、コミュニケーションについてちょっと疑問に思うことがありました。妻が野菜を茹《ゆ》でていて、ザルにあけるときに熱湯を足にこぼしちゃったんですね。それを見て僕は「早く冷やせ！」って急かすんだけれども、妻は「大丈夫大丈夫！」って強弁するんですね。自分がこぼした側でも「大丈夫大丈夫！」ってやっぱりいうと思うんですけど、それって何でなんだろうと思いました。

渡邊　そうですね、相手のためを思ったとしても、それを受け入れるかどうかは相手の自由で、受け入れてほしいと思うのはこちらのわがままなんですよね。できることは何もいわずに水の入った容器をそのへんに置いておく、などでしょうか。難しい……。相手の時間や身体をおもんぱかることはできるんですけど、相手の「気持ち」をおもんぱかるのって本当に難しいです。相手をわかったつもりで言葉をかけることは、使い方を決めて道具を渡すようなところがあるのかもしれませんし。先ほどのブラインドランではないですが、ゆだねることを含めてコミュニケーションすることが重要かもしれません。相手を完全にわかることはできませんが、その「肌触り」みたいなものを感じながら関わり続けるというか。

クワクボ　ブラインドランの話もそうですが、渡邊さんのアプローチって敵対関係をつくらずにどうやって物事を進めたり、解明していくか、というスタンスがあるのかなと思うんです。そういうスタンスをもとに、たとえば誰にでもあり得るコミュニケーションにおける「不寛容さ」などに対して、テクノロジーなのか、何かいい工夫、手立てをつくることはできないものかと思います。

◆　◆　◆

「スプラトゥーン」ネイティブ

クワクボ　ここ二週間くらい、僕は「スプラトゥーン」に完全にハマっています。遊びに身体性が伴わず、リモートでの交流しかないときに、ネットゲームはその埋め合わせじゃないけれど、身体性を別なかたちでつくり上げる、という宮台真司さんの話を聞いていて、ネットワーク対戦というものに興味をもち始めました。息子が Switch をもっていて、彼に教わるかたちで「スプラトゥーン」を始めたところ、ハマってしまいました。

渡邊　やったことはないですが、なんとなく画面は見たことがあります……。

クワクボ　このゲームは、キャラクターがインクを撃ち合ってフィールドを塗るんです。陣取りゲームみたいな感じで。たとえばレギュラーマッチは四人対四人のゲームで、二色のインクがあり、敵味方で撃ち合って地面を塗りつぶすんです。塗った面積の多いチームが勝ちなんですが、そのインク自体が攻撃にも使えるので、敵を狙い撃ちしたり。プレイしているとそれを「身体感覚」として実感するのかなということに興味をもっていたんですが、ハマり方に比例して身体化している実感が非常にあって。キャラクターは人間として普通に走ることもできるんだけど、イカになって自分が塗ったインクの中に潜って泳ぐこともできるんですよ。地面の上にインクが乗っていて、インクには潜れるから、そこだけ水面になっているみたいなんです。で、潜って泳いだほうがすごく早いんですよね。このインクのドモっとした感じと、潜ったときのヌルヌルと走る感じにだんだんハマっていくんです。

渡邊　泥遊びで滑っていくみたいな感じですか？

クワクボ　そうそう。走るときのスピードには限界があるけど、泥の中にダイブするとスルスルと滑っていくので、そのメリハリがすごく気持ちいい。僕がそこで想起したのが泥遊びで泥んこになった経験なんですよね。僕は地元が宇都宮なんです。僕が子どもの頃は蛙が泳いでいるような田んぼの中で遊んでいたんですね。忘れられないのは、まだ田植えする前の田んぼに素足で入って踏むと、足の指の間に泥がビューっと入っていくんですね。それが気持ちいいんです。そういう感覚にだんだん引き戻される感じで。かたや息子にしてみれば、田んぼに素足で入った経験はないし、早い段階からコンピュータで遊んでいるわけですよね。いわゆる原体験みたいなものの比重としてはコンピュータのほうが大きい。泥んこ遊びみたいなところから始まるリアリティと、コンピュータ化された環境で身につけていくリアリティの関係をちょっと考えたいなと。

渡邊　私たちが何か物事を決めるとき、身近な人の助言って大きな影響力をもっと思うんです。今、ネットではいろんなおススメが出てきたり、チャットボットがいってきたりしますが、私たちの年代だと、それは友人が自分のことを思っていってきた言葉ではなく、コンピュータが出してきた情報で、「まあ、そうかな」みたいな反応ができます。だけど、今の子ども世代、生まれたときからコンピュータとか家電がしゃべる世界で育ったとしたら、人でない何かが「○○を買ったら？」とおススメしてきたときに真に受けてしまう。その背後に「意図」や「思い」があるかないかに関係なく、モノも人も同じ感じでしゃべるから、区別なくいわれるがままにモノを買ってしまう、というのはすごく怖いなと思います。「誰かからの助言」とか「誰かとの約束」など、本来、人を動かすことには身体性が伴うので、私たちは画面の向こうでも、それを認知しているように思うんですね。それが、生まれたときからモノがしゃべるとどうなるのだろうと。

クワクボ　僕たちの世代のように過渡的な状況にあった立場からすると、「あ、これはリアルに見えるな」みたいなことを毎回毎回思っていたんだけど、子どもたちは、ガチに、ベタ認知としてゲームにも身体感覚を得てしまうってことですよね。あと、「スプラトゥーン」で面白いのは、ファーストパーソンとサードパーソンの視点がシームレスに切り換わるようになっているんです。デフォルトでは自分を少し後ろから見ているサードパーソンの視点なんですが、たとえばあとずさってそこに壁があると、それ以上後ろに行けない。そうすると、ヒュッて一人称の視点になっちゃう。その感覚があんまり区別されていない。

渡邊　面白いですね。一人称と三人称って、「自分の視点」と「神様の視点」で状況を把握するということで、それが両方できるというのはコミュニケーションの観点でも重要かなと思います。一人称として話したいことを話すというのと、神様視点でコミュニケーションが円滑に進むように自分がうまく役割を果たせているか、同時に見るんです。「スプラトゥーン」が自然だというなかで育った子どもたちは、どんな風に自分を見ているんですかね。

◆　◆　◆

パーソナリティは「形容詞」ではなく「副詞」

クワクボ　ゲームの話の続きですが、キャラクターの外見はデザインできるし、名前もハンドルネームなので相手がどんな人なのか、そもそも人なのかも推測できない。相手がどういうやつなのかっていうのは、プレイしているときのその人の技量というか、しつこいやつとか、的確に狙いを定めてくるやつとか、行動のタイプから判断しています。

渡邊　人間のパーソナリティって、「形容詞」というよりは「副詞」だと思っています。つまり、「どんな人か」という性質ではなく、「どのように振る舞う人か」という動きのあり方が重要。とくに、感情に働きかけるのは動きの変化、つまり「加速度」なんじゃないかと。泥遊びも、ヌル、ギュー、クッ、みたいな加速度感が面白いし、その変化が感情に訴えかけてるんだと思います。だから、コミュニケーションでも、触覚的に言って、相手にギュッと力をかけるというか、相手の心にグッと突っ込んだ質問をしてみることがその人を知るきっかけになる。

クワクボ　アニメーションの世界だと「イージング」という技法があって、AからBへ物が動くときに、完全にリニアなのか、サインカーブみたいになるのかという、そのAからBへ動くときの動き方がもう何十通りもあるんですよね。イージング図鑑というのがあって、たとえば「Ease in」だと、〝シュパッ！〟とした感じとか。これって人の態度に似ているところがありますよね。プルンとする、行き過ぎると止まる、一定数行くと止まる……いろんなデザインがあるんです。ある種の副詞的なビジュアライズかもしれませんね。僕がLEDを使って作品をつくるときもやっぱり、消え際が気になっていて。演劇関係の照明の人と前に話したときに、LEDの導入で一番困っているのが消え際だ、と。いわゆる電球だと消え際が非常に滑らかなんですが、L

ＥＤはカクンと落ちちゃうんですよね。シンボリックな意味では、生と死みたいなものを表せるかという繊細なことかもしれないですね。

渡邊　イージング図鑑、すごいですね。人間の感情辞典みたいで面白い。

クワクボ　これに「入出力」みたいなことはないですかね。たとえば、入力するものがあって、押す量に対してどれくらい返ってくるかをデザインできるといろんなことが感じられるかな。「押す／押し返す」みたいな関係で、言葉にできない感じの、キャラクターや性格のようなものをいくつかデザインするようなことって難しいですか？

渡邊　ああ、それできそうな気がします！「何らかの性格をもつ生き物」ってことですよね。触感だけで生き物の心をおもんぱかる。触れた向こう側に何かが感じられる、「間接触覚」によるコミュニケーションというか。間接触覚というのは、何かを通して触れるということで、おなかを触れながら奥にあるしこりを見つける「触診」のような感覚です。

クワクボ　日本語には「頭が固い」とか「柔軟な発想」とか「粘り強い」とか、そういう力学的な表現がありますよね。「好感触」っていう言葉もあったりするので、そういった「感触」というのは、人の「性格」や「態度」のようなものに触れることにつながるんじゃないかなと思います。

渡邊　人との出会いや別れもそうですよね。たとえば、若者が偉い先生に初めて会ったときに、「先生って○○ですよね！」なんていうと、先生がちょっと嬉しくなる。最初にキュッと入っちゃう感じ。偉い人たちは自分を値踏みされるような体験をあんまりしなくなってしまったから、深く刺さる。そういう偉い人の心に直接触れるようなコミュニケーションをする人たらしの若者、いますね。

◆　◆　◆

コミュニケーションの押しくらまんじゅう

クワクボ　今、こういう作品はどうかなと考えています。タイトルはちょっと変ですが「コンプライアンスについて」。以前、人の感情にも「加速度」のようなものがあるという話題になり、「イージング」というアニメーションの技法で、「加速度」のつけ方によってそのもののもっている物質感が変わるという話が出たと思います。そこから派生したイメージです。手でグッと押せるようなものがひとつあり、それを押すと押し返してくるんですが、その押し方と押し返し方の間でいろいろな変化が起きていくようなものができないかなと。たとえばぐーっと押したときに、手のひらに返ってくる感触を、いろいろ変化させたり。カチコチなものが、押しているうちにだんだんやわらかくなってサクサクになる、でも押し方によってはサクサクじゃなくてモチモチしていっちゃう……とか。こうやって押すとこういう感触が返ってくる、ということだけではなくて、それを何回か繰り返していくうちに状態が変化していく。犬に対して突然襲いかかるか、ゆっくり近づいていくかで、その犬が恐れをなして逃げ出すか、こっちに向かってくるか、それとも懐くか、みたいな。誰かと合意を取りたいときに、いきなり自分の態度をガーン！と押しつけると、それは嫌だ！となってしまって乗り越えられない。だけど回り道をして少しずつマッサージするようにすると、お互いに合意できるような別のルートを見出せることもある。それを少し抽象的に、モノの感触をどう扱うかによって、物質感が変わっていく、というようなことができないかな、というアイデアです。

渡邊　世界を触覚的に捉えるという話ですね。「硬い人」とか「粘着質な人」とどう付き合っていくか、その人たちをどう「解きほぐす」か。時系列があるのがいいですね。

クワクボ　「感触」なんだけど、コンテクストが生まれたりする、ということなんです。

渡邊　「合意に至る」というのは、どうなればいいってことなんでしょうね。一番下まで押し切ってしまうと「説得」になってしまう気がして。

クワクボ　この装置は「合意」をめざすものではないのかもしれないです。もう少しメタフォリックな話で、ひょっとすると、やっていくうちに「サクサク」かもしれないし、「モチモチ」かもしれないし、アプローチの仕方によっていろいろなゴールがあるよ、ということができたらいいなと。ちょっと近いと思ったのが、インスタントコーヒーを溶かすときに、溶けるパターンと溶けないパターンがあるんですよ。水を少量ずつ入れながら徐々に溶かすと、全体が均一に溶けるんですけど、水をちょっと多めに入れ過ぎちゃうと溶けずにカップに残ってしまうという。あれは何なんだろう。この「変化」っていうのを、ジェネラティブに表現できるのかどうか。もう少しシナリオみたいなものを意図的に書いていくというのもありなのか。

渡邊　モデルになる人がいてもいいですけどね。時系列的には進行する内容が何か決まっていて、映画のワンシーンみたいなものでもいいです。感情の状態遷移みたいに、この状態だったのが、やわらかく押しているとこっちに移動して、みたいな。感情のパターンもある程度決めてしまって、そこの遷移を条件分岐させていくみたいなことはあり得るんじゃないですか。

クワクボ　確かに。犬に対して、逃げ方が極端だと急にあっちが怒り出して襲ってくる。近づいていくときは、無関心を装っていかないと、あっちが警戒する。そういう感じで、犬の状態も、四つか五つぐらいに分けられて、ある状態からある状態にはストンと落ちるような、不可逆の移動があるみたいな、そういう記述はできそうな気がする。なんかこう、「押し問答」みたいなのができるといいなと思いますね。

渡邊　先生と生徒の問答なんかもそういう感じですね。生徒が「どうすればいいですか？」と自律性のない質問を先生に投げかけると、先生は生徒のことを思いやっていろいろ説明したりする。ところが生徒が「なるほどやってみます」って次回それに沿ってやったことを持ってくると、「何やってんの」って先生にいわれてしまう。結局、生徒のほうに自分の考えがないと、先生の側も適切にアドバイスができずに、やり取りがすれ違ってしまう。反発がないと、どっちの方向にアドバイスしていいかわからないんですよね。

クワクボ　確かに、こういってみて抵抗があれば、こっちじゃないんだってわかるんだけど、全部受け入れられるとそれはそれで難しい。モデルよりも先に、そういう複雑な人の心のひだみたいなものをまずしっかり考えたほうがいいのかもしれない。

渡邊　とはいっても、人に対する典型的なレスポンスって、そこまで多くないと思うんです。「炎上」とかもそういうもののような気がします。ちょっと間違えただけなんだけど、すごい反発してきて、それがすごい広がっていっちゃうみたいな。感情に対する好き嫌いもあって、テンションの上がり下がりが好きな人もいれば、マインドフルネスみたいに心が動かないことが好きな人もいる。そういう「性格」みたいなものはなんとなく「波」としてもイメージが湧く感じがするんですよね。あと、他人に引っ張られやすい人もいれば、自分の側で動く人もいますし、押したときだけ押し返してくる人もいる。

クワクボ 押し返すのも時間軸があると思うんですよね。リズミカルに動いてるやつをあやしていって、どうやると止まるかとか。止めようとしたら、何か発散しちゃうとか。赤ちゃんをあやすときは、あれは何であんなに大人が大声を出すんでしょう？赤ちゃんのテンションに最初は合わせて、いなしていくのかな。

渡邊 人のパーソナリティについては「ビッグファイブ」と呼ばれる理論があります。性格の大きな軸として、「協調性（Agreeableness）」、「経験への開放性（Openness）」、「神経症傾向（Neuroticism）」、「外向性（Extraversion）」、「誠実性（Conscientiousness）」の五つを考えようというものなのですが、これらは触覚的に解釈することができるかもしれません。たとえば「協調性」はわかりやすくて、触覚的には、入力に対してやわらかく緩やかに反力を返しながら追従してくるようなイメージです。「開放性」は新しいものへの興味を強くもつので、刺激に対してすぐ飽きるというか、入力が同じパターンだとどんどん反応がなくなるやつだと思います。

クワクボ なるほど、面白い。まずは、これを今の上下動だけで表象できるかってところですね。表象するというよりは、こちらからの働きかけに対してどう返してくるかというところに「性格」が現れるということですよね。

渡邊　はい。別のいい方をすると同じアクションをしても、返ってくる反応が違うということですね。「神経症傾向」というのは情緒不安定という感じで、ストレスに対する反発度合いが極度に大きかったりするので、たとえば、押された位置がマイナスになった瞬間、ギャーって反応する、物理的にはバネ係数がめっちゃ高くなるとか。

クワクボ　装置にレジスタンスとかリアクタンスというようなものがあって、その組み合わせでこれらが再現できるのか……。「開放性」のように、同じパターンに対してはすぐ飽きちゃうっていうことだと、記憶装置が必要になりますよね。

渡邊　「外向性」は自発的に力をかけてくるし、「誠実性」は安定して押してもあんまり反応しないイメージで捉えられるので、それを実現するには自分から動いたり、押されても負けないためにトルクも必要かと思います。

クワクボ　すごい！　それを今、記述してやってみるだけでもすごく面白そう。そういえば、ピザ生地をつくるときに、うまくいったりいかなかったり、かなり揺らぎがあるんです。伸ばすときに、何か従順なやつもあれば、全然いうこと聞かない、なかなか平らにならないやつとかもある。それも、ある加減でやると、とうとう諦めてベターっと平らになるっていうこともある。何か同じようなことがあったなと、今思い出しました。あと、この体験をしてもらって、終わったあとにどういうシナリオとして解釈できるかっていうのを、テキスト化して見てもらうみたいなのはどうですかね。

覚えてくれてるかなということはありますけど。押し合うことから物語ができるという。

渡邊　触覚を通して、そこに「人生」みたいなものを読み取るんですね。読む、というか、やり取りの中で体験者の中につくられていくんですけど。あと、気持ちいいやつはひとつあったほうがいいですね。「なんかうまくいった！」っていう、一緒に楽しんでるみたいな感じの瞬間があると。

クワクボ　そうですね。この装置がいくつかあって、それぞれがどういう性格づけかってあらかじめ知ったうえでやってもらう。失言を繰り返す政治家のバージョンはひとつ欲しいんですけどね。この人とわかりあうにはこのルートがあったか！　みたいな。たぶん、そういう人も人たらしというか、それだけ人望があるのは、そういうルートを知っている人にとっては、余人をもって代え難いところがきっとあるということなんだろうし。それを知らない人にとっては、まったく理解できないんだけれども。たぶん、人それぞれ、人のもっている代え難い側面を知ってる人にとっては、理解とか寛容さが生まれるけれども、玄関なのかバックドアなのか、みたいなことが多分あると思うんですよね。そこにどう迫るかということが大事で、完全に説き伏せちゃう、こっちが圧殺したら勝ち、みたいなことは、ここで求めるコミュニケーションではない気がするんですよね。

渡邊　まさにそうですね。この時間もすごく触覚的で、オンラインで直接会ってはいないけれども「コミュニケーションの押しくらまんじゅう」をしているような時間ですね。

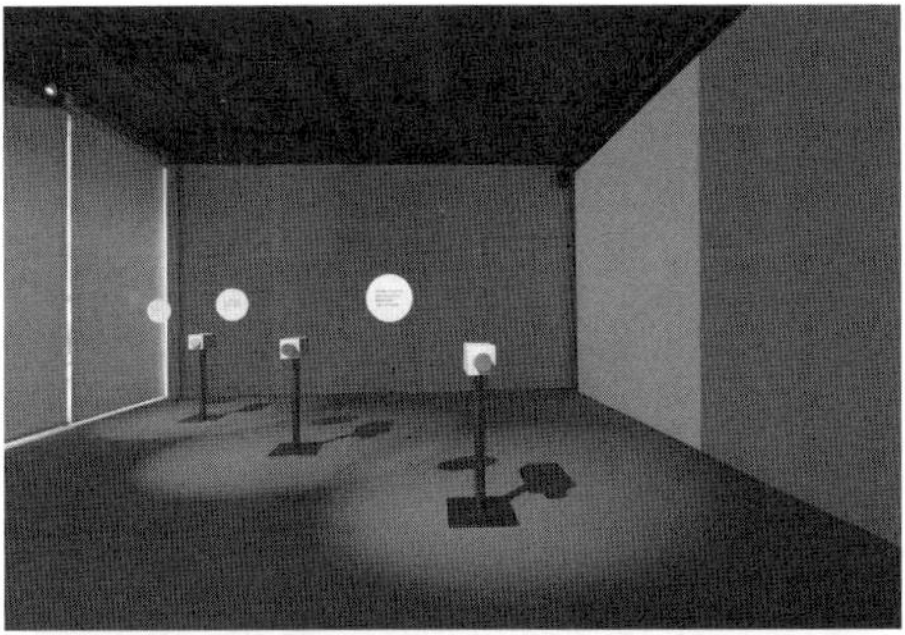

この対話から生まれた作品
「おしくら問答」
クワクボリョウタ×渡邊淳司（2021 年）
機構設計：中路景暁
アニメーション：山口レイコ
撮影：リョウイチ・カワジリ
写真提供：札幌文化芸術交流センター SCARTS

◆対話のお相手

クワクボリョウタ

アーティスト／情報科学芸術大学院大学［IAMAS］教授

一九九八年より活動を開始する。電子デバイスを素材とし、観賞者に積極的な体験を促す装置的な作品によって、「デバイス・アート」とも呼ばれる独自のスタイルを生み出した。その代表作には《ビットマン》、《PLX》、《ニコダマ》などがある。一方、二〇一〇年発表の《10番目の感傷（点・線・面）》発表以降は、観る人自身が内面で体験を紡ぎ出すような光と影のインスタレーション作品（LOSTシリーズ）を制作している。ソロ活動の他、山口レイコとのユニット、パーフェクトロンとしても活動し『デザインあ展』（二〇一八年／富山県美術館、日本科学未来館）の展示構成などを手がける。

参考文献

◆第1章

「触覚」に関する参考文献

・触覚の感覚処理の詳細について

岩村吉晃〈神経心理学コレクション〉『タッチ』医学書院（二〇〇一年）

東山篤規、宮岡徹、谷口俊治、佐藤愛子『触覚と痛み』おうふう（二〇〇九年）

・触覚の計測・提示技術について

下条誠、前田隆司、篠田裕之、佐野明人 編集『触覚認識メカニズムと応用技術―触覚センサ・触覚ディスプレイ（増補版）』サイエンス&テクノロジー（二〇一四年）

・触覚を利用した直感的な入出力インタフェースについて

石井裕、タンジブルメディアグループ 著、増田文雄 編集『タンジブル・ビット―情報の感触・情報の気配』NTT出版（二〇〇〇年）

・デザイン分野における触覚について

株式会社竹尾 編集、原研哉、日本デザインセンター原デザイン研究所 企画／構成『HAPTIC―五感の覚醒』朝日新聞社（二〇〇四年）

◆「情報」に関する参考文献

・生物それぞれの感覚世界について
ヤーコプ・フォン・ユクスキュル、ゲオルク・クリサート『生物から見た世界』（日高敏隆、野田保之 訳）新思索社（一九九五年）

・生命と情報について
西垣通『基礎情報学』NTT出版（二〇〇四年）

・情報の認識について
グレゴリー・ベイトソン『精神と自然―生きた世界の認識論』（佐藤良明 訳）新思索社（二〇〇六年）

・メディアの触覚性について
マーシャル・マクルーハン、クエンティン・フィオーレ『メディアはマッサージである』（南博 訳）河出書房新社（一九九五年）

・ソマティック・マーカー仮説について
アントニオ・R・ダマシオ『生存する脳―心と脳と身体の神秘』（田中三彦 訳）講談社（二〇〇〇年）

第2章

・記号接地問題について
今井むつみ 編著〈岩波講座コミュニケーションの認知科学　第1巻〉『言語と身体性』岩波書店（二〇一四年）

・直感的な理解が難しいことを具体的な対象に置き換えて理解する方法について

寄藤文平『数字のモノサシ』大和書房（二〇〇八年）
・心臓をめぐるさまざまな逸話について
ルイザ・ヤング『心臓大全』（別宮貞徳 訳）東洋書林（二〇〇五年）
・〝これも自分と認めざるをえない〟展について
佐藤雅彦『属性』求龍堂（二〇一〇年）
・自己を知るためのインタフェース技術について
渡邊淳司 編著、田中浩也、藤木淳、丸谷和史、坂倉杏介、ドミニク・チェン 著『いきるためのメディア―知覚・環境・社会の改編に向けて』春秋社（二〇一〇年）

第3章

・コミュニケーションと記号について
ダニエル・ブーニュー『コミュニケーション学講義―メディオロジーから情報社会へ』（水島久光 監訳、西兼志 訳）書籍工房早山（二〇一〇年）
・口承による物語の伝承について
W-J・オング『声の文化と文字の文化』（桜井直文、林正寛、糟谷啓介 訳）藤原書店（一九九一年）
・声と文字の違いについて
石川九楊『筆蝕の構造―書くことの現象学』筑摩書房（一九九二年）
・記号の分類、メディアについて
石田英敬『記号の知／メディアの知―日常生活批判のためのレッスン』東京大学出版会（二〇〇三年）

・人間が物体の振舞を理解するときに取る姿勢について
ダニエル・C・デネット『「志向姿勢」の哲学―人は人の行動を読めるのか？』（若島正、河田学 訳）白揚社（一九九六年）

第4章

・日本語五十音について
窪薗晴夫〈現代言語学入門2〉『日本語の音声』岩波書店（一九九九年）
・記号とその意味の結びつきについて
ショーン・ホール『イメージと意味の本』（前田茂 訳）フィルムアート社（二〇一三年）
・音象徴についての解説とともに、17章ではオノマトペの印象の定量的な評価方法について、18章ではオノマトペの感覚カテゴリの可視化についてまとめてある
篠原和子、宇野良子 編著『オノマトペ研究の射程―近づく音と意味』ひつじ書房（二〇一三年）
・ブーバ・キキ効果について
V・S・ラマチャンドラン『脳のなかの幽霊、ふたたび』（山下篤子 訳）角川書店（二〇一一年）
・言語と記号の関係について
川本茂雄『ことばとイメージ―記号学への旅立ち』岩波書店（一九八六年）

第5章

・分類と推論について
三中信宏『分類思考の世界―なぜヒトは万物を「種」に分けるのか』講談社（二〇〇九年）
・歌から言語が発生したという説について

スティーヴン・ミズン『歌うネアンデルタール─音楽と言語から見るヒトの進化』（熊谷淳子 訳）早川書房（二〇〇六年）

・ファセテラピーについて

鈴木理絵子 著、鈴木泰博 監修『ファセテラピー・メソッド─透明感のある柔らかい肌をつくるには』春秋社（二〇一三年）

Suzuki, Y. and Suzuki, R. *Tactile Score A Knowledge Media for Tactile Sense*, Series: Springer Briefs in Applied Sciences and Technology（2014）. http://www.springer.com/series/8884

またホームページも参照：http://tokyo-ft.com

・コンピュータにおける記号・解釈・対象について

ケイシー・リース、チャンドラー・マクウィリアムス、ラスト『FORM+CODE ─デザイン／アート／建築における、かたちとコード』（久保田晃弘 監訳、吉村マサテル 訳）ＢＮＮ出版（二〇一一年）

・生命過程における記号・解釈・対象について

ジェスパー・ホフマイヤー『生命記号論─宇宙の意味と表象』（松野孝一郎、高原美規 訳）青土社（一九九九年）

補章

渡邊淳司、伊藤亜紗、ドミニク・チェン、緒方壽人、塚田有那ほか『情報環世界─身体とＡＩの間であそぶガイドブック』ＮＴＴ出版（二〇一九年）

渡邊淳司『表現する認知科学』新曜社（二〇二〇年）

伊藤亜紗、渡邊淳司、林亜希子『見えないスポーツ図鑑』晶文社（二〇二〇年）

渡邊淳司、ドミニク・チェン 監修・編著、安藤英由樹、坂倉杏介、村田藍子 編著『わたしたちのウェルビーイングをつくりあうために―その思想、実践、技術』ビー・エヌ・エヌ（二〇二〇年）

渡邊淳司、ドミニク・チェン『ウェルビーイングのつくりかた―「わたし」と「わたしたち」をつなぐデザインガイド』ビー・エヌ・エヌ（二〇二三年）

渡邊淳司 監修、日本電信電話株式会社 編『わたしたちのウェルビーイングカード―働く、学ぶ、暮らす場で、楽しくチームが生まれてしまう?!』NTT出版（二〇二四年）

文庫版あとがき

二〇一四年に発刊された本書は、翌年、第六九回（二〇一五年）毎日出版文化賞〈自然科学部門〉という栄誉ある賞をいただきました。その後、おもに触覚の研究分野や触れる感覚のデザイン分野で参照いただきながら、発刊より一〇年後、二〇二四年に文庫化の機会をいただきました。これにより、より多くの方に触覚の広がりや情報とのつながりについて感得する機会がもたらされることを嬉しく思います。また、一〇年が経過し、私自身の研究対象がウェルビーイングへと拡張されるなかで、人間の存在基盤となる触覚の重要性を切に感じています。今後、世界の価値観が経済性から「よく生きるあり方」へとシフトしていくなかで、自身の存在の拠り所として、人と人のつながりの原点として、触覚はますます重要な役割を果たしていくでしょう。そして、その基盤となる触覚情報学を読者のみなさんと、共につくっていくことができたらと思います。

渡邊淳司

本書は、二〇一四年一二月に刊行された『情報を生み出す触覚の知性――情報社会をいきるための感覚のリテラシー』（ＤＯＪＩＮ選書）を加筆・修正し、補章を追加して文庫化したものです。

渡邊淳司　わたなべ・じゅんじ
1976年生まれ。2005年東京大学大学院情報理工学系研究科博士課程修了。博士（情報理工学）。現在、日本電信電話株式会社(NTT)上席特別研究員。人間のコミュニケーションに関する研究を触覚情報学の視点から行う。身体性テクノロジーを用いて、共感や信頼を醸成し、さまざまな人々が協働できる“わたしたち”のウェルビーイングに資する方法論を探究している。(共) 著書に『表現する認知科学』『情報環世界』『見えないスポーツ図鑑』『ウェルビーイングのつくりかた』『わたしたちのウェルビーイングをつくりあうために』他。

DOJIN
BUNKO

情報《じょうほう》を生《う》み出《だ》す触覚《しょっかく》の知性《ちせい》　増補版《ぞうほばん》
情報社会《じょうほうしゃかい》をいきるための感覚《かんかく》のリテラシー

2024年2月15日第1刷発行

著者　渡邊淳司
発行者　曽根良介
発行所　株式会社化学同人
600-8074　京都市下京区仏光寺通柳馬場西入ル
電話　075-352-3373(営業部)／075-352-3711(編集部)
振替　01010-7-5702
https://www.kagakudojin.co.jp　webmaster@kagakudojin.co.jp
装幀　BAUMDORF・木村由久
印刷・製本　創栄図書印刷株式会社

Printed in Japan　Junji Watanabe © 2024
ISBN978-4-7598-2516-9